hanaの韓国語単語
〈入門・初級編〉

ミリネ韓国語教室 著

HANA

目次

5級

1週目
- ☐ **01日目** 名詞01 ▸ 018
- ☐ **02日目** 名詞02 ▸ 020
- ☐ **03日目** 名詞03 ▸ 022
- ☐ **04日目** 名詞04 ▸ 024
- ☐ **05日目** 名詞05 ▸ 026
- ☐ **06日目** 形容詞01 ▸ 028
- ☐ **07日目** 形容詞02 ▸ 030

2週目
- ☐ **08日目** 名詞06 ▸ 042
- ☐ **09日目** 名詞07 ▸ 044
- ☐ **10日目** 名詞08 ▸ 046
- ☐ **11日目** 名詞09 ▸ 048
- ☐ **12日目** 動詞01 ▸ 050
- ☐ **13日目** 動詞02 ▸ 052
- ☐ **14日目** 副詞01 ▸ 054

3週目
- ☐ **15日目** 名詞10 ▸ 066
- ☐ **16日目** 名詞11 ▸ 068
- ☐ **17日目** 名詞12 ▸ 070
- ☐ **18日目** 名詞13 ▸ 072
- ☐ **19日目** 動詞03 ▸ 074
- ☐ **20日目** 形容詞03 ▸ 076
- ☐ **21日目** 副詞02 ▸ 078

4週目
- ☐ **22日目** 名詞14 ▸ 090
- ☐ **23日目** 名詞15 ▸ 092
- ☐ **24日目** 名詞16 ▸ 094
- ☐ **25日目** 名詞17 ▸ 096
- ☐ **26日目** 名詞18 ▸ 098
- ☐ **27日目** 動詞04 ▸ 100
- ☐ **28日目** 動詞05 ▸ 102

5週目
- ☐ **29日目** 名詞19 ▸ 114
- ☐ **30日目** 名詞20 ▸ 116
- ☐ **31日目** 名詞21 ▸ 118
- ☐ **32日目** 名詞22 ▸ 120
- ☐ **33日目** 名詞23 ▸ 122
- ☐ **34日目** ハダ用言01 ▸ 124
- ☐ **35日目** ハダ用言02 ▸ 126

4級

1週目
- **01日目** 名詞01 ▶140
- **02日目** 名詞02 ▶142
- **03日目** 名詞03 ▶144
- **04日目** 名詞04 ▶146
- **05日目** ハダ用言01 ▶148
- **06日目** 動詞01 ▶150
- **07日目** 形容詞01 ▶152

2週目
- **08日目** 名詞05 ▶164
- **09日目** 名詞06 ▶166
- **10日目** 名詞07 ▶168
- **11日目** 名詞08 ▶170
- **12日目** ハダ用言02 ▶172
- **13日目** 動詞02 ▶174
- **14日目** 形容詞02 ▶176

3週目
- **15日目** 名詞09 ▶188
- **16日目** 名詞10 ▶190
- **17日目** 名詞11 ▶192
- **18日目** ハダ用言03 ▶194
- **19日目** 名詞03 ▶196
- **20日目** 形容詞03 ▶198
- **21日目** 副詞01 ▶200

4週目
- **22日目** 名詞12 ▶212
- **23日目** 名詞13 ▶214
- **24日目** 名詞14 ▶216
- **25日目** ハダ用言04 ▶218
- **26日目** 動詞04 ▶220
- **27日目** 動詞05 ▶222
- **28日目** 副詞02 ▶224

5週目
- **29日目** 名詞15 ▶236
- **30日目** 名詞16 ▶238
- **31日目** 名詞17 ▶240
- **32日目** 名詞18 ▶242
- **33日目** 動詞06 ▶244
- **34日目** 動詞07 ▶246
- **35日目** 副詞03 ▶248

6週目
- **36日目** 名詞19 ▶260
- **37日目** 名詞20 ▶262
- **38日目** 名詞21 ▶264
- **39日目** 名詞22 ▶266
- **40日目** 動詞08 ▶268
- **41日目** 動詞09 ▶270
- **42日目** 副詞04 ▶272

本書の特長 ▶005	韓国語の学習法と本書の使い方 ▶011
本書の構成 ▶006	韓国語の基礎 ▶286
音声CD-ROM ▶010	ハングル・日本語索引 ▶309

例文で単語を覚え、すぐに使える力が育つ単語集!

『hanaの韓国語単語』とは?

　『hana』とは、『韓国語学習ジャーナルhana』の略称。本気で韓国語を学ぶ人たちから絶大な支持を得ている韓国語学習雑誌です。本書は、この雑誌『hana』が長年の韓国語教材制作を通じて培った経験を基に作り出しました。

　本書は、何よりも例文を通じて、音声を通じて、単語を学ぶ作りになっています。そして、学習者がいかに効率よく韓国語の語彙を学ぶかを考慮してあるだけでなく、「ハングル」能力検定試験(ハン検)にも準拠しています。

ハン検対策はもちろん、一生の学習の基礎となる単語を掲載!

　ハン検は、日本国内で韓国語を学ぶ人たちを対象に、1993年から実施されてきた検定試験です。今日、ハン検は学習者の韓国語能力を図る尺度として利用され、多くの大学では検定資格を単位として認めています。

　ハン検を主催しているハングル能力検定協会では、試験の公式ガイドである『合格トウミ』という本を出版し、級別の出題範囲を公開しています。ここに掲載された語彙や文法の級別リストはハン検を受ける上で必須であるだけでなく、学習者の韓国語能力を段階的に発展させるために大変有用なものです。

　本書は、この『合格トウミ』で提示されたハン検4・5級の基準を参考に語彙を選別して、『合格トウミ』ではサポートされていない関連情報や例文と共に掲載した本です。これらは今後韓国語の学習を続けていく上で、ベースとなるものなので、早い段階からきちんと習得しておきたいものばかりといえますが、本書には単語を効果的に覚えて活用するためのさまざまな仕組みが準備されています。

　これから韓国語学習を始める人はもちろん、すでに入門レベルを終えた5級合格程度の人も、復習を兼ねて5級の例文から学習を始めてみてください! この1冊を徹底的に使い尽くすことで、一生役立つ韓国語の基礎が身に付くはずです!

2016年発表の最新の出題範囲に対応した国内初の本!

　本書には、2016年に発行された『新装版合格トウミ』の改訂内容が反映されています。ハン検の準備をされる方は、ぜひこの最新の語彙リストと例文で準備を行ってください!

本書の特長

特長 1 | ハン検5級レベルの411語、4級レベルの500語を収録！

　本書の見出し語は、ハン検4級と5級で出題範囲に指定されているもので、日本語話者が韓国語の能力を段階的に発展させるのに、最も合理的な語彙リストといえます。本書には、ハン検5級の411語、4級の500語を掲載しました。1日の学習量は12語となっており、5級は35日、4級は42日で消化できる構成になっています。

> 学習量の目安は？
> **1日（1課）12語、1週間（1章）84語＋活用＋復習**
> ➡ **5級411語を5週（35日）**
> 　　**4級500語を6週（42日）** で消化！

特長 2 | 単語を、例文から覚える。だからすぐに使える語彙力が身に付く！

　本書は特に、例文を通じて単語を習得することに重点を置いています。こうすることで、すぐに使える生きた単語力が身に付き、言いたいことをすぐ口に出せるようになるからです。例文は、短くて、応用度の高いものばかりです。

特長 3 | 例文は4・5級の語彙と文法で構成。検定対策もばっちり！

　例文は、ハン検4・5級の出題範囲の語彙と文法で主に構成されており、さらに変則活用や発音変化が随所に含めてあります。つまり例文を覚えることで、ハン検入門・初級レベルで求められる総合的な知識と能力をばっちり身に付けることができます。

特長 4 | 例文にも実際の発音を表示。早い段階から正しい発音を確認！

　日本で学ぶ人、中でも独学で学ぶ人は、発音が「日本語なまり」の自己流になりがちです。本書は、CDの音声を聞きながら学ぶことを前提にしており、全ての例文の音声を準備するとともに、紙面に見出し語と例文で表記と実際の発音が異なる箇所には、発音通りのハングルを併記してあります。音声で該当部分を聞いて、またその部分を見ながら韓国語を読み上げることで、表記と実際の発音とのギャップ、発音変化のパターンまで感じ取れるようになるはずです。

本書の構成 1 本文

左ページに見出し語に関連する情報を、右ページに例文に関する情報をまとめました。

1 ページタイトル
名詞、動詞、形容詞、ハダ用言、副詞の品詞別に1日（1課）を構成しました。하다が付くと用言になる名詞や副詞は、原則的に「ハダ用言」という項にまとめました。

2 見出し語
辞書に掲載されている形で示しました。「ハダ用言」は하다を付けない名詞や副詞の形で示しました。

4 意味
見出し語の意味を、メイン訳、サブ訳に分けて掲載しました。音声ではメインの訳のみ読まれています。

5 活用
見出し語が用言（動詞、形容詞、ハダ用言）で変則活用する場合、活用の種類を 活 アイコンと共に示しました。「活用」ページでは以下のアイコンで表示しました。特に表示がないものは、正則（規則）活用する用言です。

하다用言 = 하用　　ㄹ変則 = ㄹ変
ㅇ語幹 = ㅇ語幹　　ㄷ変則 = ㄷ変
ㄹ語幹 = ㄹ語幹　　ㅅ変則 = ㅅ変
ㅂ変則 = ㅂ変

6 その他の関連情報
見出し語が漢字語の場合はその漢字を 漢 アイコンと共に記しました。類義語、対義語、関連語についてはそれぞれ 類 対 関 アイコンと共に掲載しました（対義語と関連語は訳も表示）。また、よく使われる他の品詞形がある場合は、名詞は 名 、動詞は 動 、形容詞は 形 、副詞は 副 のアイコンと共に提示しました。

3 発音
見出し語のつづりと実際の発音が異なる場合、発音通りのハングルを掲載しました。また、5級では発音のフリガナも示しました（パッチム中、ㅁ・ㄹ・ㄱ・ㅂの終音で発音されるものはそれぞれ小さい「ム」「ル」「ク」「プ」の文字で示しました）

006

【ここにも注目】ページを折って韓国語と日本語のどちらかを隠せる！

各ページを▼▲の位置で折ると、見出し語、例文のいずれも韓国語と日本語訳のどちらかを隠すことができるようになっています。このページの折り目は、どこまで学習したかが分かる、しおりの役割も果たします。

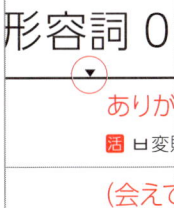

7 例文

見出し語を含む、自然な韓国語の例文と訳文を提示しています。例文は、原則的にハン検4・5級出題範囲の語彙で書かれています。5級の例文は短く、4級の例文はやや長めに構成してありますが、いずれも声に出して読みやすい形を心掛けました。見出し語が「ハダ用言」の場合、見出し語を名詞や副詞の形で含む例文と用言の形で含む例文のどちらのパターンもあります。

8 例文訳

意訳している箇所には、直訳をかっこ書きで併記しました。

9 例文発音

例文中、表記と実際の発音が異なる部分には発音通りのハングルを付しました。注意が必要な発音は赤い帯で示し、ページ下で補足説明を行いました。

10 説明

例文が学習上注意すべきものを含む場合は、活 文 補 アイコンを例文の頭に表示し、ページ下で補足説明を行いました。

本書の構成2 復習・付録

■ 「活用」ページ

週の最後には、その週で学んだ用言の活用を一覧で表示しました。CD-ROMには音声も収められています。入門・初級レベルの人が最もよく使う以下の活用形を示しました。

ハムニダ体現在

語幹末にパッチムがない場合−ㅂ니다、パッチムがある場合は−습니다が付きます。ただしㄹ語幹用言のときはㄹパッチムが脱落して−ㅂ니다が付きます。

ヘヨ体現在

語幹末の母音が陽母音の場合には−아요、陰母音の場合には−어요が付きます。接続に関しては母音の同化や複合も起こりますし、変則用言の場合も注意が必要です。

ヘヨ体過去

語幹末の母音が陽母音の場合には−았어요、陰母音の場合には−었어요が付きます。接続に関しては母音の同化や複合も起こりますし、変則用言の場合も注意が必要です。

ヘヨ体尊敬

語幹末にパッチムがない場合−세요、パッチムがある場合は−으세요が付きます。ただしㄹ語幹用言のときはㄹパッチムが脱落して−세요が付きます。

■ 「チェック」ページ

各週で学んだ語彙を、「韓国語→日本語」「日本語→韓国語」の両方から復習することができます。

■ 「チャレンジ」ページ

その週で学んだ語彙を使って、簡単な韓作文を行うことができます。

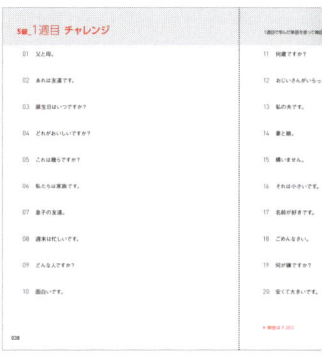

■ 「文法項目」ページ

その週の例文で新たに使われた文法項目を確認することができます。

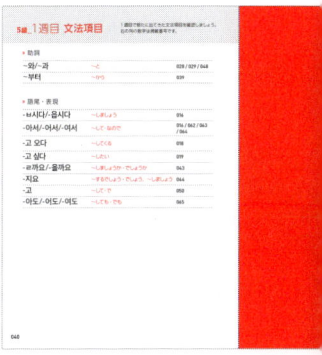

■ 「韓国語の基礎」ページ

巻末に、入門書の内容をコンパクトにまとめました。分からないことを探したり、これまでに学んだことを復習するのにご参照ください。

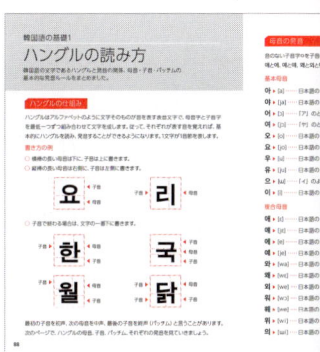

音声 CD-ROM

本書の付録CD-ROMには、パソコンや携帯音楽プレーヤーなどで再生が可能なMP3形式の音声ファイルが収録されており、本書中のトラックの数字と、CD-ROMに入っているファイルの名前が一致しています。CD-ROMをパソコンのCD-DVDドライブに入れ、ファイルをパソコンにコピーして、あるいはCDから直接、iTunesやWindows Media Playerなどの音声ソフトを使って再生してください。

【注意】
CDラジカセなど、MP3ファイルに対応していない一般的なCDプレーヤーでは再生できませんので、ご注意ください。なお、MP3ファイルのスマートフォンでのご利用方法やパソコンからスマートフォンへの音声データの移動方法については、お使いの機器のマニュアルでご確認ください。

音声は1日分（12語）の音声が一つのトラックに、下記の順に収録されています。

見出し語（韓国語） ▶ **メイン訳（日本語）** ▶ **例文（韓国語）**

また、この他に活用練習の音声が1トラック当たり1週間分収録されています。

【ダウンロード情報】
本書の音声は、小社ウェブサイト（http://www.hanapress.com）の「サポート」ページ、または書籍紹介ページよりダウンロードも可能です。ダウンロードの際には、パスワード（45kyu）をご入力ください。
また、見出し語と例文訳だけの音声も、上記からダウンロードできます。P.012で紹介する「クイックレスポンス」「瞬間韓作文」の練習にもご活用ください。

韓国語の学習法と本書の使い方

　本書は単なる単語集ではありません。ハン検4・5級にレベルを合わせ工夫を凝らした例文で、適切な学習法を用いることで、インプットはもちろん、アウトプットも鍛え、総合的な能力を育てることができます。特に、日本で韓国語を勉強している人に不足しがちなのは、韓国語を口に出して話す機会です。この不足を練習という形で埋めるのが、音読をはじめとした学習法です。ここでは、このようなアウトプットの練習を中心にいくつかご紹介します。

音　読

　音読はスポーツにおける基本動作練習に例えることができます。特に、入門・初級レベルにおいての音読は、記号のようなハングルの文を、音に変換して発話する動作を体に染み込ませる練習でもあります。

　本書の例文は全て口語体の文になっており、すぐに会話で使えるものです。また、音声も充実しており、とにかく「話せるようになりたい」という人は、音読練習を用いて最短でその目標を達成することが可能です。

　音読は韓国語の見出し語や例文を何度も繰り返し、口に出して話す練習です。例えば1日分の例文を、20回、30回など、目標を定めて読みます。必ず一度に行う必要はなく、その日行った回数をメモしながらやっていくとよいでしょう。意味の分からない文で音読を行うことは避け、きちんと理解した素材を使って、正しくない音声を繰り返す間違いを避けるために、模範の音声を聞いた上で行うようにします。

　本書の見出し語、例文の発音変化が起きる場所には、発音通りのハングルが併記されています。これもチェックしながら音読を繰り返すと、滑らかに発音できるようになるだけでなく、多くの人が苦手とする発音変化も自然に身に付けることができます。

書き写し

　ノートを準備して、見出し語や例文（必要ならそれらの訳）、さらには活用を書き写します。単に脳だけでなく、体（ここでは手）を動かすことが単語の記憶を助

けます。その際、韓国語の音をつぶやきながら行うと、口も動員することになり、なおよいでしょう。

リピーティング

見出し語、例文の音声を聞いて、例文を聞いたままに発話していきます。次の語が始まるまでに言い切れないようなら、音声プレーヤーの一時停止ボタンを活用しながら、練習を行ってください。

シャドーイング

見出し語や例文の音声が流れたら、そのすぐ後を追うように、聞いたままに声に出して続けて発話していきます。

瞬間韓作文、クイックレスポンス

日本語の例文訳を聞いて、すぐに韓国語を口に出す練習です。この練習には、例文訳の音声をダウンロードして利用します（☞ P.010）。音声には日本語の例文訳に続いて適度なポーズ（無音状態）がありますので、ここで例文訳に該当する韓国語の文を発話します。このような練習を繰り返すことで、韓国語の文型を丸ごと覚え、瞬間的に話せる韓国語の実力が身に付きます。同様の練習を、見出し語、見出し語訳を聞いて、その対訳を即座に答えるという形（クイックレスポンス）で行っても効果があります。この練習に使う、見出し語のみ、見出し語訳のみの音声もダウンロード可能です。

チェック欄を活用する、記録を付ける！

本書では、各見出し語、活用、チェック、索引などあらゆる所にチェックボックスが設けられています。また、本文右ページの上には日付をメモできる欄もあります。これらの欄を利用して、いつ学習したか、きちんと覚えられたかをメモすることが、学習の習慣化、目的意識化につながります。

5級

「5級」の掲載語彙と例文について

【見出し語】
『合格トウミ』の5級語彙リストに掲載されているものから411語を選びました。指定詞の이다・아니다と存在詞の있다・없다、数詞は取り上げていません。数詞については、原則的に見出し語掲載はせず、次ページにまとめました。

【例文】
5級の語彙・文法を中心に構成しましたが、4級の語彙・文法も一部使われています。

※例文中の「発音変化」について
見出し語と例文で、表記と発音に違いがある箇所は、実際の発音を例文の下にハングルで示しました。その発音表示のうち、グレーの帯のものは5級範囲内の発音変化です。赤色の帯のものは4級以上の範囲に指定されている発音変化で、ページ下の解説欄で補足説明を行いました。なお、5級の出題範囲に指定されている発音変化は以下のものです (4級の出題範囲は P.138 に掲載)。

① 有声音化 ※表記と異なる発音ではないため、発音表示をしていません。

例) 부부[pubu]

② 連音化

例) 한국어[한구거]

③ 鼻音化:語尾-ㅂ니다/-습니다や-ㅂ니까/-습니까で起こるもの (その他の鼻音化は4級の範囲です)

例) 합니다[함니다]

④ 濃音化:終声ㄱㄷㅂの後に続く平音が濃音になるもの

例) 학교[학꾜]、책상[책쌍]、춥다[춥따]、받고[받꼬]、없어요[업써요]

⑤ ㅎの弱化・脱落

弱化の例) 전화[전화~저놔]　　　脱落の例) 좋아요[조아요]

5級_ 基本の数字

韓国語の基本の数字をまとめました。

数字	漢数詞	固有数詞
0	영	ー
1	일	하나(한)
2	이	둘(두)
3	삼	셋(세) [셋]
4	사	넷(네) [넫]
5	오	다섯 [다섣]
6	육	여섯 [여섣]
7	칠	일곱
8	팔	여덟 [여덜]
9	구	아홉
10	십	열
11	십일 [시빌]	열하나(열한) [여라나(여란)]
12	십이 [시비]	열둘(열두) [열뚤(열뚜)]
13	십삼 [십쌈]	열셋(열세) [열쎋(열쎄)]
14	십사 [십싸]	열넷(열네) [열렏(열레)]
15	십오 [시보]	열다섯 [열따섣]
16	십육 [심뉵]	열여섯 [열려섣]
17	십칠	열일곱 [여릴곱]
18	십팔	열여덟 [열려덜]
19	십구 [십꾸]	열아홉 [여라홉]
20	이십	스물(스무)

数字	漢数詞	数字	漢数詞
30	삼십	80	팔십 [팔씹]
40	사십	90	구십
50	오십	100	백
60	육십 [육씹]	千	천
70	칠십 [칠씹]	万	만

※ハン検5級では、以下の数字の他に、1~99までの全ての漢数詞の組み合わせ (52= 오십이、87= 팔십칠など) と「100」「千」「万」の頭に一つ数字が付いたもの (200= 이백、3000= 삼천、40000= 사만など) が出題範囲となっています。[ ] は発音。20~90を表す固有数詞がありますが、ここでは割愛しました。

5級_基本の文法項目

本書で繰り返し出てくる文法項目（助詞、語尾、表現）を、まず覚えましょう。

» 助詞

~이/~가	~が
~을/~를	~を
~은/~는	~は
~에	~に
~에서	~で、~から
~도	~も
~로/~으로	~で、~によって

» 語尾・表現

-아요/-어요/-여요	~します・です、~しますか・ですか
-ㅂ니다/-습니다	~します・です
-ㅂ니까/-습니까	~しますか・ですか
-았-/-었-/-였-	~した・だった〈過去〉
-시-/-으시-*	~なさる・でいらっしゃる〈尊敬〉
안 ~	~しない・ではない
못 ~	~できない
-지 않다	~しない・ではない
-지 못하다	~できない

※ヘヨ体現在形（☞ P.299）では、-세요/-으세요になります。 ☞ P.302「尊敬表現」も参照

1 週目

☐ 名詞01	▶ 018
☐ 名詞02	▶ 020
☐ 名詞03	▶ 022
☐ 名詞04	▶ 024
☐ 名詞05	▶ 026
☐ 形容詞01	▶ 028
☐ 形容詞02	▶ 030
活用	▶ 032
チェック1	▶ 034
チェック2	▶ 036
チャレンジ	▶ 038
文法項目	▶ 040

5級_01日目　名詞 01　　　[TR001]

001	**이**¹ [イ]	この
002	**그**¹ [ク]	その
003	**저**¹ [チョ]	あの
004	**이것** [이걷 イゴッ]	これ 縮 이거
005	**그것** [그걷 クゴッ]	それ 縮 그거
006	**저것** [저걷 チョゴッ]	あれ 縮 저거
007	**여기** [ヨギ]	ここ
008	**거기** [コギ]	そこ
009	**저기** [チョギ]	あそこ
010	**나** [ナ]	私 ※「私が」は내가になります。
011	**내** [ネ]	私の
012	**우리** [ウリ]	私たち

解説　005 몰라요は、르変則の모르다 (分からない) に-아요が付いた形。아직 몰라요は、[아직 몰라요]と発音 (鼻音化)。 010 한국 여행は[한궁 녀행]と発音 (ㄴ挿入、鼻音化)。

이 가방 얼마예요? _{얼마에요}	このかばん、いくらですか?
그 이야기는 알아요. _{아라요}	その話は知っています。
저 건물이에요? _{건무리에요}	あの建物ですか?
이것을 주세요. _{이거슬}	これを下さい。
活 **그것**은 아직 몰라요. _{그거슨} _{아징 몰라요}	それはまだ分かりません。
저것보다는 이것이 더 좋아요. _{저건뽀다는} _{이거시} _{조아요}	あれよりはこれがもっといいです。
여기에서 다음에 또 만나요. _{다으메}	今度ここでまた会いましょう。
거기에 앉으세요. _{안즈세요}	そちらに座ってください。
저기가 우체국입니다. _{우체구김니다}	あそこが郵便局です。
나는 한국 여행을 좋아해요. _{한궁 녀행을} _{조아해요}	私は韓国旅行が好きです。
내 동생은 여자 친구가 없어요. _{업써요}	私の弟は彼女がいません。
우리는 친구예요. _{친구에요}	私たちは友達です。

5級_02日目　名詞02　[TR002]

013	**저²** [チョ]	私
		※나(010)の丁寧な形。「私が」は제가になります。

014	**제** [チェ]	私の

015	**저희** [저히 チョヒ]	私たち

016	**자기** [チャギ]	自分、自己　漢 自己

017	**가족** [カジョク]	家族　漢 家族

018	**아버지** [アボジ]	父、お父さん
		類 아빠　対 어머니 母

019	**어머니** [オモニ]	母、お母さん
		類 엄마　対 아버지 父

020	**형** [ヒョン]	(弟からみた) 兄　漢 兄
		対 누나 弟からみた姉

021	**오빠** [オッパ]	(妹からみた) 兄
		対 언니 妹からみた姉

022	**누나** [ヌナ]	(弟からみた) 姉
		対 형 弟からみた兄

023	**언니** [オンニ]	(妹からみた) 姉
		対 오빠 妹からみた兄

024	**동생** [トンセン]	弟、妹　漢 同生

解説　014 그게は그것이の口語形。　016 알아서 하다は「自分で判断してうまくやる」という意味の表現。大変よく使うので、そのまま覚えておきましょう。합시다は、하다 (する) に -ㅂ시다が付いた形。　018 만나고 왔습니다は、만나다 (会う) に -고 왔습니다が付いた形。　019 보고 싶어요は、보다 (会う) に -고 싶어요が付いた形。

저에게 말했어요? 마래써요	私に言いましたか?
補 **제** 말은 그게 아니에요. 마른	私の話はそういうことではありません。
저희 집에 오세요. 저히 　 지베	私たちの家に来てください。
補文 **자기** 일은 **자기**가 알아서 합시다. 이른 　 아라서 　 합씨다	自分のことは自分でしましょう。
우리 **가족**은 모두 바쁩니다. 가조근 　 바쁨니다	私の家族はみんな忙しいです。
文 **아버지**를 만나고 왔습니다. 왇씀니다	お父さんに会ってきました。
文 **어머니**가 보고 싶어요. 시퍼요	お母さんに会いたいです。
저는 **형**이 한 명 있어요. 이써요	私は兄が一人います。
오빠는 나보다 두 살이 많아요. 사리 　 마나요	兄は私より2歳年が上です。
누나가 몇 살이에요? 멷 싸리에요	お姉さんは何歳ですか?
언니가 어제 졸업을 했어요. 조러블 　 해써요	お姉さんが昨日卒業しました。
동생은 저보다 두 살 적어요. 저거요	弟／妹は私より2歳下です。

5級_03日目　名詞 03　　[TR003]

025	**할아버지** [하라버지 ハラボジ]	おじいさん 対 할머니 おばあさん
026	**할머니** [ハルモニ]	おばあさん 対 할아버지 おじいさん
027	**남편** [ナムピョン]	夫　漢 男便 対 아내 妻
028	**아내** [アネ]	妻、家内 対 남편 夫
029	**아이** [アイ]	子ども 縮 애　類 어린이　対 어른 大人
030	**아들** [アドゥル]	息子 対 딸 娘
031	**딸** [タル]	娘 対 아들 息子
032	**아저씨** [アジョッシ]	おじさん、お兄さん 対 아주머니 おばさん
033	**아주머니** [アジュモニ]	おばさん、奥さん 類 아줌마　対 아저씨 おじさん
034	**친구** [チング]	友人　漢 親旧
035	**남자** [ナムジャ]	男、男性　漢 男子 類 남성　対 여자 女
036	**여자** [ヨジャ]	女、女性　漢 女子 類 여성　対 남자 男

解説　026 **많으십니다**は、**많다**（多い）に尊敬の-**으시**-と、-**ㅂ니다**が付いた形。　027 **등산**（登山）のように、場所ではなく出来事を表す名詞を**가다**（行く）と一緒に使う場合、助詞は～**을**/～**를**を使う。　036 **몰라요**は、르変則の**모르다**（知らない）に-**아요**が付いた形。

할아버지 이야기는 재미있습니다. 하라버지　　　　　　재미읻씀니다	おじいさんの話は面白いです。
文 **할머니**는 연세가 많으십니다. 　　　　　　마느심니다	おばあさんはだいぶ高齢でいらっしゃいます。
補 **남편**이 등산을 갔습니다. 남펴니　등사늘　갇씀니다	夫は登山に行きました。
아내와 집 앞에서 만났어요. 　　　지 바페서　만나써요	妻と家の前で会いました。
아이가 엄마와 놀아요. 　　　　　　노라요	子どもがお母さんと遊んでいます。
아들 하나 딸 하나 있어요. 　　　　　　　　이써요	息子一人、娘一人います。
이 아이가 제 **딸**입니다. 　　　　　　따림니다	この子が私の娘です。
저 **아저씨**가 우리 아버지예요. 　　　　　　아버지에요	あのおじさんが私のお父さんです。
아주머니는 나이가 많아요. 　　　　　　　마나요	おばさんは年を取っています。
동생은 외국 **친구**가 많아요. 　　　　　　　마나요	弟／妹は外国の友達が多いです。
그날 그 **남자**를 만났어요. 　　　　　　만나써요	その日、その男に会いました。
活 저 **여자**는 몰라요.	あの女の人は知りません。

5級_04日目 名詞 04 [TR004]

037	어떻게 [어떠케 オットケ]	どのように、どういう訳で、どうして
038	왜 [ウェ]	なぜ、どうして
039	언제 [オンジェ]	いつ、いつか
040	몇 [면 ミョッ]	幾つの、何〜、幾つかの
041	무슨 [ムスン]	何の、何かの
042	어느 [オヌ]	どの、ある、とある
043	어떤 [オットン]	どんな、とある
044	누구 [ヌグ]	誰、誰か ※「誰が」は누가になります。
045	어디 [オディ]	どこ、どこか
046	무엇 [무언 ムオッ]	何、何か 縮 뭐
047	얼마 [オルマ]	幾ら、幾らか
048	어느 것 [어느 걷 オヌ ゴッ]	どれ、どちら 縮 어느 거

解説　037 **어떻게**は、[어떠케]と発音 (激音化)。　041 **무슨 영화**は、[무슨 녕화]と発音 (ㄴ挿入)。　043 **어떤 영화**は、[어떤 녕화]と発音 (ㄴ挿入)。**볼까요?**は、보다 (見る) に-**ㄹ까요?**が付いた形。　044 〜**이지요?**は、〜**이다** (〜である) に-**지요?**が付いた形。

어떻게 지내셨어요? [어떠케] [지내셔써요]	どのように過ごされていましたか？
왜 한국어를 공부하세요? [한구거를]	どうして韓国語の勉強をなさっているんですか？
수업은 **언제**부터예요? [수어븐] [언제부터에요]	授業はいつからですか？
몇 개월 한국에 있었어요? [멷 깨월] [한구게] [이써써요]	何カ月韓国にいましたか？
어제 **무슨** 영화를 보았어요? [무슨 녕화를] [보아써요]	昨日、何の映画を見ましたか？
어느 병원으로 가요? [병워느로]	どの病院へ行きますか？
文 이번 주말에는 **어떤** 영화를 볼까요? [주마레는] [어떤 녕화를]	今週末はどんな映画を見ましょうか？
文 오늘은 **누구** 생일이지요? [오느른] [생이리지요]	今日は誰の誕生日でしょう？
어디에서 만나요?	どこで会いますか？
오늘 저녁은 **무엇**이 좋아요? [저녀근] [무어시] [조아요]	今日の夕飯は何がいいですか？
이 안경은 **얼마**예요? [얼마에요]	この眼鏡は幾らですか？
사과와 귤 중에 **어느 것**을 좋아해요? [거슬] [조아해요]	リンゴとミカンのうち、どちらが好きですか？

5級_05日目　名詞 05　　　[TR005]

049	**사람** [サラム]	人
050	**명** [ミョン]	～人、～名　漢 名
051	**분** [プン]	～方 (かた)、～名さま
052	**이름** [イルム]	名前 関 성함 お名前
053	**나이** [ナイ]	年齢、年 関 연세 お年
054	**살** [サル]	～歳
055	**생일** [センイル]	誕生日　漢 生日
056	**년** [ニョン]	～年　漢 年
057	**달** [タル]	月、(暦の) 月、～カ月 関 해 太陽、(暦の) 年
058	**주** [チュ]	週、～週　漢 週
059	**주일** [チュイル]	～週間　漢 週日
060	**주말** [チュマル]	週末　漢 週末

解説　050 ～이고は、～이다 (～である) に -고が付いた形。　052 철수は、[철쑤]と発音 (漢字語の濃音化)。　052 일주일에は、[일쭈이레]と発音 (漢字語の濃音化)。

거기는 언제나 **사람**이 많아요. 사라미　마나요	そこはいつも人が多いです。
文 두 **명**은 여자이고 한 **명**은 남자입니다. 남자임니다	二人は女で一人は男です。
손님은 모두 세 **분**이세요? 손니믄　부니세요	お客さまは合わせて3名さまですか?
제 **이름**은 철수입니다. 이르믄　철쑤임니다	私の名前はチョルスです。
그 아이는 **나이**가 어립니다. 어림니다	あの子は年が幼いです。
우리 딸은 올해 여섯 **살**이에요. 따른　오래　여섣 싸리에요	うちの娘は今年6歳です。
오늘은 제 **생일**이에요. 오느른　생이리에요	今日は私の誕生日です。
한국어 공부는 삼 **년** 했어요. 한구거　해써요	韓国語の勉強は3年やりました。
두 **달** 걸렸습니다. 걸련씀니다	2カ月かかりました。
한 **주**가 정말 빨리 지났어요. 지나써요	1週が本当に早く過ぎました。
일**주일**에 몇 번 회사에 가세요? 일쭈이레　멷 뻔	1週間に何回会社に行かれますか?
주말에 어디로 가요? 주마레	週末はどこに行きますか?

5級_06日目 形容詞 01 [TR006]

061	**고맙다** [고맙따 コマプタ]	ありがたい 活 ㅂ変則　類 감사하다
062	**반갑다** [반갑따 パンガプタ]	(会えて) うれしい、喜ばしい、懐かしい 活 ㅂ変則　関 기쁘다 うれしい
063	**미안하다** [미아나다 ミアナダ]	すまない、申し訳ない　漢 未安-- 活 하다用言　類 죄송하다
064	**죄송하다** [チュェソンハダ]	申し訳ない、恐れ入る　漢 罪悚-- 活 하다用言　類 미안하다
065	**괜찮다** [괜찬타 クェンチャンタ]	構わない、結構だ、大丈夫だ
066	**안녕하다** [アンニョンハダ]	元気だ、安寧だ、無事だ　漢 安寧-- 活 하다用言　副 안녕히 元気に
067	**계시다** [게시다 ケシダ]	いらっしゃる 関 있다 いる
068	**재미있다** [재미읻따 チェミイッタ]	面白い、興味深い 対 재미없다 面白くない
069	**재미없다** [재미업따 チェミオプタ]	面白くない、つまらない 副 재미없이 つまらなく　対 재미있다 面白い
070	**좋다** [조타 チョタ]	良い、好きだ 対 나쁘다 悪い、싫다 嫌だ
071	**싫다** [실타 シルタ]	嫌だ、嫌いだ 対 좋다 好きだ

解説　062 **만나서**は、**만나다** (会う) に**-아서**が付いた形。　063 **미안해서**は**미안하다**に**-어서**が付いた形。**어떡해요**は、**[어떠캐요]**と発音 (激音化)。　064 **늦어서**は、**늦다** (遅れる) に**-어서**が付いた形。　065 **오셔도**は、**오다** (来る) に尊敬の**-시-**、**-어도**が付いた形。

정말 **고맙습니다**. [고맙씀니다]	本当にありがとうございます。
文 또 만나서 **반갑습니다**. [반갑씀니다]	またお会いできてうれしいです。
文 **미안해서** 어떡해요. [미아내서] [어떠캐요]	申し訳なくてどうしましょう。
文 늦어서 **죄송합니다**. [느저서] [죄송함니다]	遅れて申し訳ありません。
文 내일은 안 오셔도 **괜찮아요**. [내이른] [아 노셔도] [괜차나요]	あしたは来なくても大丈夫です。
안녕하세요. 반갑습니다. [반갑씀니다]	こんにちは。会えてうれしいです。
집에 부모님이 **계세요**. [지베] [부모니미] [게세요]	家に両親がいらっしゃいます。
영화가 참 **재미있었어요**. [재미이써써요]	映画がとても面白かったです。
그 드라마는 **재미없어요**. [재미업써요]	そのドラマはつまらないです。
이 노래는 **좋아요**. [조아요]	この歌はいいです。
이런 날씨는 정말 **싫어요**. [시러요]	こんな天気は本当に嫌です。

5級_07日目 形容詞02 [TR007]

072	**바쁘다** [パップダ]	忙しい 活 으語幹
073	**나쁘다** [ナップダ]	悪い 活 으語幹 　対 좋다 良い
074	**아프다** [アプダ]	痛い、具合が悪い 活 으語幹
075	**고프다** [コプダ]	空腹だ、ひもじい 活 으語幹 　対 부르다 腹いっぱいだ
076	**맛있다** [마싣따 マシッタ]	おいしい 対 맛없다 まずい
077	**맛없다** [마덥따 マドプタ]	まずい 対 맛있다 おいしい
078	**비싸다** [ピッサダ]	(値段が) 高い 対 싸다 安い
079	**싸다** [サダ]	安い 対 비싸다 高い
080	**크다** [クダ]	大きい 活 으語幹 　対 작다 小さい
081	**작다** [작따 チャクタ]	小さい 対 크다 大きい
082	**높다** [놉따 ノプタ]	高い 対 낮다 低い
083	**낮다** [낟따 ナッタ]	低い 対 높다 高い

解説　073 **나빠요**は、으語幹の**나쁘다**に-**아요**が付いた形。　074 **아팠어요**は、으語幹の**아프다**に-**았어요**が付いた形。　075 **고파요**は、으語幹の**고프다**に-**아요**が付いた形。　080 **커요**は、으語幹の**크다**に-**어요**が付いた形。

내일은 **바쁘지** 않아요.	あしたは忙しくないです。
오늘은 기분이 **나빠요**.	今日は気分が悪いです。
어제는 머리가 너무 **아팠어요**.	昨日は頭がすごく痛かったです。
배가 많이 **고파요**.	おなかがとてもすいています。
이 가게는 아주 **맛있어요**.	このお店はとてもおいしいです。
그 음식은 정말 **맛없어요**.	その料理は本当においしくないです。
이 지갑은 좀 **비싸요**.	この財布はちょっと高いです。
이 옷은 **싸요**.	この服は安いです。
내 방이 동생 방보다 **커요**.	私の部屋が弟／妹の部屋より大きいです。
어머니는 키가 **작아요**.	母は背が低いです。
저 건물이 한국에서 제일 **높아요**.	あの建物が韓国で一番高いです。
책상이 너무 **낮아요**.	机が低すぎます。

5級_1週目 活用 基本形－ハムニダ体現在－ヘヨ体現在－ヘヨ体過去－ヘヨ体尊敬現在

06日目 [TR008]

	基本形	ハムニダ体現在	ヘヨ体現在	ヘヨ体過去	ヘヨ体尊敬現在
□ 061	고맙다 ㅂ変	고맙습니다	고마워요	고마웠어요	고마우세요
□ 062	반갑다 ㅂ変	반갑습니다	반가워요	반가웠어요	반가우세요
□ 063	미안하다 하用	미안합니다	미안해요	미안했어요	미안하세요
□ 064	죄송하다 하用	죄송합니다	죄송해요	죄송했어요	죄송하세요
□ 065	괜찮다 하用	괜찮습니다	괜찮아요	괜찮았어요	괜찮으세요
□ 066	안녕하다 하用	안녕합니다	안녕해요	안녕했어요	안녕하세요
□ 067	계시다	계십니다	계세요	계셨어요	―
□ 068	재미있다	재미있습니다	재미있어요	재미있었어요	재미있으세요
□ 069	재미없다	재미없습니다	재미없어요	재미없었어요	재미없으세요
□ 070	좋다	좋습니다	좋아요	좋았어요	좋으세요
□ 071	싫다	싫습니다	싫어요	싫었어요	싫으세요

入門・初級レベルで最もよく使われる活用形を掲載しました。活用が正則でない場合は、基本形の横に変則活用の種類をアイコンで示しました（アイコンの見方はP.006参照）。

07日目　[TR009]

□ 072 **바쁘다** ㅇ語幹	바쁩니다	바빠요	바빴어요	바쁘세요
□ 073 **나쁘다** ㅇ語幹	나쁩니다	나빠요	나빴어요	나쁘세요
□ 074 **아프다** ㅇ語幹	아픕니다	아파요	아팠어요	아프세요
□ 075 **고프다** ㅇ語幹	고픕니다	고파요	고팠어요	고프세요
□ 076 **맛있다**	맛있습니다	맛있어요	맛있었어요	맛있으세요
□ 077 **맛없다**	맛없습니다	맛없어요	맛없었어요	맛없으세요
□ 078 **비싸다**	비쌉니다	비싸요	비쌌어요	―
□ 079 **싸다**	쌉니다	싸요	쌌어요	―
□ 080 **크다** ㅇ語幹	큽니다	커요	컸어요	크세요
□ 081 **작다**	작습니다	작아요	작았어요	작으세요
□ 082 **높다**	높습니다	높아요	높았어요	높으세요
□ 083 **낮다**	낮습니다	낮아요	낮았어요	낮으세요

5級_1週目 チェック1 韓国語 ▶ 日本語

- [ ] 001 이¹
- [ ] 002 그¹
- [ ] 003 저¹
- [ ] 004 이것
- [ ] 005 그것
- [ ] 006 저것
- [ ] 007 여기
- [ ] 008 거기
- [ ] 009 저기
- [ ] 010 나
- [ ] 011 내
- [ ] 012 우리
- [ ] 013 저²
- [ ] 014 제
- [ ] 015 저희
- [ ] 016 자기
- [ ] 017 가족
- [ ] 018 아버지
- [ ] 019 어머니
- [ ] 020 형
- [ ] 021 오빠
- [ ] 022 누나
- [ ] 023 언니
- [ ] 024 동생
- [ ] 025 할아버지
- [ ] 026 할머니
- [ ] 027 남편
- [ ] 028 아내
- [ ] 029 아이
- [ ] 030 아들
- [ ] 031 딸
- [ ] 032 아저씨
- [ ] 033 아주머니
- [ ] 034 친구
- [ ] 035 남자
- [ ] 036 여자
- [ ] 037 어떻게
- [ ] 038 왜
- [ ] 039 언제
- [ ] 040 몇
- [ ] 041 무슨
- [ ] 042 어느

次の韓国語の訳を書いてみましょう。分からなかった単語は、前に戻ってもう一度覚えましょう。

- 043 **어떤**
- 044 **누구**
- 045 **어디**
- 046 **무엇**
- 047 **얼마**
- 048 **어느 것**
- 049 **사람**
- 050 **명**
- 051 **분**
- 052 **이름**
- 053 **나이**
- 054 **살**
- 055 **생일**
- 056 **년**
- 057 **달**
- 058 **주**
- 059 **주일**
- 060 **주말**
- 061 **고맙다**
- 062 **반갑다**
- 063 **미안하다**
- 064 **죄송하다**
- 065 **괜찮다**
- 066 **안녕하다**
- 067 **계시다**
- 068 **재미있다**
- 069 **재미없다**
- 070 **좋다**
- 071 **싫다**
- 072 **바쁘다**
- 073 **나쁘다**
- 074 **아프다**
- 075 **고프다**
- 076 **맛있다**
- 077 **맛없다**
- 078 **비싸다**
- 079 **싸다**
- 080 **크다**
- 081 **작다**
- 082 **높다**
- 083 **낮다**

5級_1週目 チェック2 日本語▶韓国語

- [ ] 001　この
- [ ] 002　その
- [ ] 003　あの
- [ ] 004　これ
- [ ] 005　それ
- [ ] 006　あれ
- [ ] 007　ここ
- [ ] 008　そこ
- [ ] 009　あそこ
- [ ] 010　私
- [ ] 011　私の
- [ ] 012　私たち
- [ ] 013　私
- [ ] 014　私の
- [ ] 015　私たち
- [ ] 016　自分
- [ ] 017　家族
- [ ] 018　父
- [ ] 019　母
- [ ] 020　(弟からみた) 兄
- [ ] 021　(妹からみた) 兄
- [ ] 022　(弟からみた) 姉
- [ ] 023　(妹からみた) 姉
- [ ] 024　弟、妹
- [ ] 025　おじいさん
- [ ] 026　おばあさん
- [ ] 027　夫
- [ ] 028　妻
- [ ] 029　子ども
- [ ] 030　息子
- [ ] 031　娘
- [ ] 032　おじさん
- [ ] 033　おばさん
- [ ] 034　友人
- [ ] 035　男
- [ ] 036　女
- [ ] 037　どのように
- [ ] 038　なぜ
- [ ] 039　いつ
- [ ] 040　幾つの
- [ ] 041　何の
- [ ] 042　どの

次の日本語に該当する単語を書いてみましょう。分からなかった単語は、前に戻ってもう一度覚えましょう。

- ☐ 043 どんな
- ☐ 044 誰
- ☐ 045 どこ
- ☐ 046 何
- ☐ 047 幾ら
- ☐ 048 どれ
- ☐ 049 人
- ☐ 050 〜人
- ☐ 051 〜方（かた）
- ☐ 052 名前
- ☐ 053 年齢
- ☐ 054 〜歳
- ☐ 055 誕生日
- ☐ 056 〜年
- ☐ 057 月
- ☐ 058 週
- ☐ 059 〜週間
- ☐ 060 週末
- ☐ 061 ありがたい
- ☐ 062 （会えて）うれしい
- ☐ 063 すまない
- ☐ 064 申し訳ない
- ☐ 065 構わない
- ☐ 066 元気だ
- ☐ 067 いらっしゃる
- ☐ 068 面白い
- ☐ 069 面白くない
- ☐ 070 良い
- ☐ 071 嫌だ
- ☐ 072 忙しい
- ☐ 073 悪い
- ☐ 074 痛い
- ☐ 075 空腹だ
- ☐ 076 おいしい
- ☐ 077 まずい
- ☐ 078 （値段が）高い
- ☐ 079 安い
- ☐ 080 大きい
- ☐ 081 小さい
- ☐ 082 高い
- ☐ 083 低い

5級_1週目 チャレンジ

01　父と母。

02　あれは友達です。

03　誕生日はいつですか?

04　どれがおいしいですか?

05　これは幾らですか?

06　私たちは家族です。

07　息子の友達。

08　週末は忙しいです。

09　どんな人ですか?

10　面白いです。

1週目で学んだ単語を使って韓国語の作文をしてみましょう。

11　何歳ですか？

12　おじいさんがいらっしゃいます。

13　私の夫です。

14　妻と娘。

15　構いません。

16　それは小さいです。

17　名前が好きです。

18　ごめんなさい。

19　何が嫌ですか？

20　安くて大きいです。

» 解答は P.283

5級_1週目 文法項目

1週目で新たに出てきた文法項目を確認しましょう。
右の列の数字は掲載番号です。

» 助詞

~와/~과	~と	028 / 029 / 048
~부터	~から	039

» 語尾・表現

-ㅂ시다/-읍시다	~しましょう	016
-아서/-어서/-여서	~して・なので	016 / 062 / 063 / 064
-고 오다	~してくる	018
-고 싶다	~したい	019
-ㄹ까요/-을까요	~しましょうか・でしょうか	043
-지요	~するでしょう・でしょう、~しましょう	044
-고	~して・で	050
-아도/-어도/-여도	~しても・でも	065

5級

2週目

☐ 名詞06	▶ 042
☐ 名詞07	▶ 044
☐ 名詞08	▶ 046
☐ 名詞09	▶ 048
☐ 動詞01	▶ 050
☐ 動詞02	▶ 052
☐ 副詞01	▶ 054
活用	▶ 056
チェック1	▶ 058
チェック2	▶ 060
チャレンジ	▶ 062
文法項目	▶ 064

5級_08日目 名詞 06 [TR010]

084	**지금** [チグム]	今、ただ今 漢 只今 対 옛날 昔
085	**이번** [イボン]	今度、今回 漢 -番
086	**다음** [タウム]	次、次の
087	**지난달** [チナンダル]	先月 対 다음 달 来月
088	**지난주** [チナンジュ]	先週 漢 --週 対 다음 주 来週
089	**다음 달** [다음 딸 タウム タル]	来月、翌月、次の月 対 지난달 先月
090	**다음 주** [다음 쭈 タウム チュ]	来週、翌週、次の週 漢 -- 週 対 지난주 先週
091	**작년** [장년 チャンニョン]	昨年、去年 漢 昨年 類 지난해 対 내년 来年
092	**올해** [오래 オレ]	今年
093	**내년** [ネニョン]	来年 漢 来年 類 다음 해 対 작년 昨年
094	**쯤** [チュム]	~頃
095	**일¹** [イル]	~日

解説　084 가고 싶어요는, 가다 (行く) に -고 싶어요가 付いた形。　085 가고 싶어요?는, 가다 (行く) に -고 싶어요?가 付いた形。　087 콘서트 (コンサート) のように、場所ではなく出来事を表す名詞を가다 (行く) と一緒に使う場合, 助詞は~을/~를を使う。　089 다음 달에는, [다음 따레]と発音 (合成語の濃音化)。여행 (旅行) のように、場所ではなく ↗

| | | DATE 年 月 日 |
| | | DATE 年 月 日 |

文 **지금** 가고 싶어요.
　　시퍼요
今行きたいです。

文 **이번** 방학에는 어디를 가고 싶어요?
　　　방하게는　　　　　　　　시퍼요
今度の学期休みはどこに行きたいですか？

다음은 우리 차례입니다.
다으믄　　　차례임니다
次は私たちの番です。

補 **지난달**에는 콘서트를 갔어요.
　　지난다레는　　　　　　가써요
先月はコンサートに行きました。

남자 친구를 **지난주**에 만났습니다.
　　　　　　　　　　만낟씀니다
彼氏に先週会いました。

補 **다음 달**에 여행을 갑니다.
　　다음 따레　　　감니다
来月、旅行に行きます。

文 그럼 **다음 주**에 뵙겠습니다.
　　　다음 쭈에　뵙껟씀니다
では、来週伺います。

작년 여름은 길었어요.
장년 녀르믄　　기러써요
去年の夏は長かったです。

文 **올해**는 한국에 가고 싶어요.
　　오래는　한구게　　　시퍼요
今年は韓国に行きたいです。

내년에는 미국에 유학 갑니다.
내녀네는　　미구게　　　감니다
来年は、アメリカに留学に行きます。

열 **시쯤** 와요.
열 씨쯤
10時ごろ来てください。

삼 **일**에 한 번 어머니께 전화를 합니다.
사 미레　　　　　　　　저놔를　함니다
3日に1度、母に電話をします。

出来事を表す名詞を**가다**（行く）と一緒に使う場合、助詞は〜을/〜를を使う。　090 **다음 주**は、[다음 쭈]と発音（合成語の濃音化）。**뵙겠습니다**は、**뵙다**（お目にかかる）にえん曲の-**겠**-、-**습니다**が付いた形。　091 **작년 여름은**は、[장년 녀르믄]と発音（鼻音化、ㄴ挿入）。　092 **가고 싶어요**は、**가다**（行く）に-**고 싶어요**が付いた形。　094 **열 시**は、[열 씨]と発音（열の後の濃音化）。

043

5級_09日目　名詞 07　　[TR011]

096	**일월** [이뤌 イルォル]	1月　漢 一月
097	**이월** [イウォル]	2月　漢 二月
098	**삼월** [사뭘 サムォル]	3月　漢 三月
099	**사월** [サウォル]	4月　漢 四月
100	**오월** [オウォル]	5月　漢 五月
101	**유월** [ユウォル]	6月　漢 六月
102	**칠월** [치뤌 チルォル]	7月　漢 七月
103	**팔월** [파뤌 パルォル]	8月　漢 八月
104	**구월** [クウォル]	9月　漢 九月
105	**시월** [シウォル]	10月　漢 十月
106	**십일월** [시비뤌 シビルォル]	11月　漢 十一月
107	**십이월** [시비월 シビウォル]	12月　漢 十二月

解説　101 여행 (旅行) のように、場所ではなく出来事を表す名詞を가다 (行く) と一緒に使う場合、助詞は〜을/〜를を使う。　103 휴가 (休暇) のように、場所ではなく出来事を表す名詞を떠나다 (出発する) と一緒に使う場合、助詞は〜을/〜를を使う。

| | DATE 年 月 日 |
| | DATE 年 月 日 |

일월에는 눈이 와요.
<small>이뤄레는 누니</small>

1月は雪が降ります。

저희는 **이월**에 결혼했어요.
<small>저히는 이워레 겨로내써요</small>

私たちは2月に結婚しました。

삼월은 아직 추워요.
<small>사뭐른</small>

3月はまだ寒いです。

사월에는 꽃이 많이 펴요.
<small>사워레는 꼬치 마니</small>

4月は花がたくさん咲きます。

오월에는 꽃들이 예뻐요.
<small>오워레는 꼳뜨리</small>

5月は花がきれいです。

補 **유월**에 외국으로 여행을 갑니다.
<small>유워레 외구그로 감니다</small>

6月に、外国に旅行に行きます。

칠월에는 바다에 갑니다.
<small>치뤄레는 감니다</small>

7月に海に行きます。

補 **팔월**에는 휴가를 떠납니다.
<small>파뤄레는 떠남니다</small>

8月はバカンスに出ます。

구월부터는 가을입니다.
<small>가으림니다</small>

9月からは秋です。

시월은 과일이 맛있어요.
<small>시워른 과이리 마시써요</small>

10月は果物がおいしいです。

십일월에는 시험이 있어요.
<small>시비뤄레는 시허미 이써요</small>

11月は試験があります。

십이월은 더 춥습니다.
<small>시비워른 춥씀니다</small>

12月はもっと寒いです。

5級_10日目 名詞 08 [TR012]

108	**봄** [ポム]	春	対 가을 秋
109	**여름** [ヨルム]	夏	対 겨울 冬
110	**가을** [カウル]	秋	対 봄 春
111	**겨울** [キョウル]	冬	対 여름 夏
112	**요일** [ヨイル]	曜日	漢 曜日
113	**월요일** [워료일 ウォリョイル]	月曜日	漢 月曜日
114	**화요일** [ファヨイル]	火曜日	漢 火曜日
115	**수요일** [スヨイル]	水曜日	漢 水曜日
116	**목요일** [모교일 モギョイル]	木曜日	漢 木曜日
117	**금요일** [그묘일 クミョイル]	金曜日	漢 金曜日
118	**토요일** [トヨイル]	土曜日	漢 土曜日
119	**일요일** [이료일 イリョイル]	日曜日	漢 日曜日

解説　109 이번 여름은は、[이번 녀르믄]と発音（ㄴ挿入）。더워요は、ㅂ変則の덥다（暑い）に-어요が付いた形。　111 작년は、[장년]と発音（鼻音化）。추웠습니다は、ㅂ変則の춥다（寒い）に-었습니다が付いた形。　112 무슨 요일이에요?は、[무슨 뇨이리에요]と発音（ㄴ挿入）。　114 바쁘지 않습니까?は、바쁘다（忙しい）に-지 않다、-습니까?が付いた形。

	DATE 年 月 日
	DATE 年 月 日

봄이 왔습니다.
[보미] [완씀니다]

春が来ました。

活 이번 **여름**은 너무 더워요.
[이번 녀르믄]

今年の夏はとても暑いです。

가을에는 많이 먹어요.
[가으레는] [마니] [머거요]

秋にはたくさん食べます。

活 작년 **겨울**은 추웠습니다.
[장년] [겨우른] [추월씀니다]

去年の冬は寒かったです。

오늘은 무슨 **요일**이에요?
[오느른] [무슨 뇨이리에요]

今日は何曜日ですか?

월요일부터 학교에 가요.
[워료일부터] [학꾜에]

月曜日から学校に行きます。

文 **화요일**은 바쁘지 않습니까?
[화요이른] [안씀니까]

火曜日は忙しくありませんか?

수요일은 손님이 많아요.
[수요이른] [손니미] [마나요]

水曜日はお客さんが多いです。

목요일에 혹시 시간 있으세요?
[모교이레] [혹씨] [이쓰세요]

もしかして、木曜日にお時間ありますか?

금요일은 시간이 비어요.
[그묘이른] [시가니]

金曜日は時間が空いています。

補 **토요일**은 친구와 여행을 갑니다.
[토요이른] [감니다]

土曜日は友達と旅行に行きます。

일요일에는 학교에 안 가요.
[이료이레는] [학꾜에]

日曜日は学校に行きません。

않습니까는、[안씀니까]と発音 (語尾の濃音化)。 118 **여행** (旅行) のように、場所ではなく出来事を表す名詞を**가다** (行く) と一緒に使う場合、助詞は〜을/〜를を使う。

5級_11日目　名詞 09　　[TR013]

#	見出し	意味
120	**매일** [メイル]	毎日　漢 毎日
121	**아침** [アチム]	朝、朝食 対 저녁 夕方
122	**낮** [낟 ナッ]	昼 対 밤 夜
123	**저녁** [チョニョク]	夕方、夕食 対 아침 朝
124	**밤** [パム]	夜 対 낮 昼
125	**오전** [オジョン]	午前　漢 午前 対 오후 午後
126	**오후** [オフ]	午後　漢 午後 対 오전 午前
127	**어제** [オジェ]	昨日 類 어저께　対 내일 あした
128	**오늘** [オヌル]	今日
129	**내일** [ネイル]	あした　漢 来日 対 어제 昨日
130	**모레** [モレ]	あさって 対 그저께 おととい
131	**어젯밤** [어젣빰 オジェッパム]	昨夜

解説　120 **생각해요**は、[생가캐요]と発音（激音化）。　121 **바빠요**は、으語幹の**바쁘다**（忙しい）に-**아요**が付いた形。　126 **가지요**は、가다（行く）に-**지요**が付いた形。

매일 그 사람을 생각해요. [사라믈] [생가캐요]	毎日彼のことを思います。
週 **아침**에는 정말 바빠요. [아치메는]	朝は本当に忙しいです。
낮에는 가끔 책을 읽어요. [나제는] [채글] [일거요]	昼間にたまに本を読みます。
저녁 식사 시간이 됐어요. [식싸] [시가니] [돼써요]	夕食の時間になりました。
벌써 **밤**이 되었어요. [바미] [되어써요]	もう夜になりました。
내일 **오전**에 시간이 있어요. [오저네] [시가니] [이써요]	あしたの午前、時間があります。
文 **오후**에는 도서관에 가지요. [도서과네]	午後は図書館に行きましょう。
어제는 쉬었어요. [쉬어써요]	昨日は休みました。
오늘은 기분이 좋아요. [오느른] [기부니] [조아요]	今日は気分がいいです。
내일은 일이 많아요. [내이른] [이리] [마나요]	あしたは仕事が多いです。
모레 여행 갑니다. [감니다]	あさって旅行に行きます。
어젯밤부터 비가 왔어요. [어젣빰부터] [와써요]	昨夜から雨が降りました。

5級_12日目 動詞 01 [TR014]

#	単語	意味
132	**하다** [ハダ]	する、〜と言う、〜と思う 活 하다用言
133	**잘하다** [자라다 チャラダ]	上手だ、うまい 活 하다用言　対 못하다 下手だ
134	**못하다** [모타다 モタダ]	下手だ、できない 活 하다用言　対 잘하다 上手だ
135	**알다** [アルダ]	知る、知っている、分かる 活 ㄹ語幹　類 이해하다　対 모르다 知らない　関 알리다 知らせ
136	**모르다** [モルダ]	知らない、分からない 活 르変則　対 알다 知る、知っている
137	**배우다** [ペウダ]	習う、学ぶ 類 공부하다　対 가르치다 教える
138	**가르치다** [カルチダ]	教える 対 배우다 習う
139	**잊다** [읻따 イッタ]	忘れる 対 기억하다 覚える、覚えている
140	**읽다** [익따 イクタ]	読む 類 독서하다
141	**쓰다¹** [スダ]	書く 活 으語幹　類 적다
142	**잘되다** [チャルドェダ]	うまくいく、よくできる、成功する 対 안되다 うまくいかない
143	**안되다** [アンドェダ]	うまくいかない、駄目だ 対 잘되다 うまくいく

解説　134 못합니다は、[모탐니다]と発音（激音化、鼻音化）。　136 몰라요は、르変則の모르다に-아요が付いた形。　137 배우고 있어요は、배우다に-고 있어요が付いた形。　138 가르치고 있어요は、가르치다に-고 있어요が付いた形。

지금 무엇을 **해요**? _{무어슬}	今、何をしているんですか？
그 사람은 요리를 **잘합니다**. _{사라믄} _{자람니다}	その人は料理が上手です。
영어는 **못합니다**. _{모탐니다}	英語はできません。
저는 그 사람 동생을 **알아요**. _{아라요}	私は彼の弟／妹を知っています。
題 여기 길은 잘 **몰라요**. _{기른}	ここの道はよく知りません。
文 요즘 한국어를 **배우고** 있어요. _{한구거를} _{이써요}	最近韓国語を習っています。
文 일본어를 **가르치고** 있어요. _{일보너를} _{이써요}	日本語を教えています。
그 일은 **잊었습니다**. _{이른} _{이절씀니다}	そのことは忘れました。
한국어 책은 천천히 **읽어요**. _{한구거} _{채근} _{천처니} _{일거요}	韓国語の本はゆっくり読みます。
노트에 연필로 **쓰세요**.	ノートに鉛筆で書いてください。
공부가 **잘됩니다**. _{잘됨니다}	勉強がうまくいっています。
일이 잘 **안돼요**. _{이리}	仕事がうまくいきません。

5級_13日目 動詞 02　　　[TR015]

144　만들다
[マンドゥルダ]
作る、造る
活 ㄹ語幹

145　끝나다
[끈나다　クンナダ]
終わる
対 시작되다 始まる　関 끝내다 終える

146　입다
[입따　イプタ]
着る、(ズボン、スカートを) はく、負う
対 벗다 脱ぐ

147　신다
[신따　シンタ]
履く
対 벗다 脱ぐ

148　쓰다²
[スダ]
かぶる、(眼鏡を) 掛ける、ぬれぎぬをかぶる
活 으語幹　対 벗다 脱ぐ

149　벗다
[벋따　ポッタ]
脱ぐ
対 입다 着る、신다 履く、쓰다 かぶる

150　앉다
[안따　アンタ]
座る
対 서다 立つ

151　일어나다
[이러나다　イロナダ]
起きる、生じる、起こる
対 자다 寝る　関 깨다 覚める

152　자다
[チャダ]
寝る
対 일어나다 起きる　関 주무시다 お休みになる

153　살다
[サルダ]
住む、生きる、暮らす
活 ㄹ語幹　対 죽다 死ぬ

154　가다
[カダ]
行く
対 오다 来る

155　오다
[オダ]
来る
対 가다 行く

解説　144 김밥을は、[김빠블]と発音 (合成語の濃音化)。　145 끝났어요は、[끈나써요]と発音 (鼻音化)。　147 신어 보세요は、신다に-어 보다、尊敬の-세요が付いた形。　148 써요は、으語幹の쓰다に-어요が付いた形。　152 열두は、[열뚜]と発音 (合成語の濃音化)。　153 살고 있습니다は、살다に-고 있습니다が付いた形。　154 다음 주は、[다음 쭈]と ↗

아까 김밥을 **만들었어요**. 　김빠블　　만드러써요	さっきのり巻きを作りました。
지금 일이 **끝났어요**. 　이리　　끈나써요	今仕事が終わりました。
언니는 치마를 **입었습니다**. 　　　　　　　이벌씀니다	お姉さんはスカートをはきました。
文 이 신발을 **신어** 보세요. 　　신바를　시너	この靴を履いてみてください。
活 제 친구는 안경을 **써요**.	私の友達は（普段）眼鏡を掛けます。
모자를 **벗으세요**. 　　　　버스세요	帽子を脱いでください。
저쪽에 **앉아요**. 저쪼게　안자요	あちら側に座ってください。
아침에 몇 시에 **일어나세요**? 아치메　멷 씨에　이러나세요	朝何時に起きますか?
열두 시에 **자요**. 열뚜	12時に寝ます。
文 저는 도쿄에 **살고** 있습니다. 　　　　　　　　잍씀니다	私は東京に住んでいます。
다음 주에 한국에 **가요**. 다음 쭈에　한구게	来週韓国に行きます。
친구가 오후 두 시쯤 **옵니다**. 　　　　　　　　옴니다	友達が午後2時くらいに来ます。

発音（合成語の濃音化）。

5級_14日目 副詞 01 [TR016]

#	単語	意味
156	**언제나** [オンジェナ]	いつも、しょっちゅう 類 늘　対 가끔 たまに、時折
157	**먼저** [モンジョ]	先に、まず、前もって 類 우선
158	**빨리** [パルリ]	速く、早く 形 빠르다 速い　対 천천히 ゆっくりと
159	**곧** [コッ]	すぐに、すなわち、つまり 対 천천히 ゆっくりと
160	**천천히** [천처니 チョンチョニ]	ゆっくりと 対 빨리 速く
161	**다시** [タシ]	もう一度、再度、再び 関 또 また、さらに
162	**잘** [チャル]	よく、上手に
163	**같이** [가치 カチ]	一緒に、同様に、共に 形 같다 同じだ、一緒だ　類 함께
164	**모두** [モドゥ]	全部、全て、みんな、全部で 類 다
165	**다** [タ]	全部、全て 類 모두

解説　156 웃는は웃다 (笑う) の現在連体形で、[운는]と発音 (鼻音化)。　157 실례하겠습니다は、실례하다 (失礼する) にえん曲の-겠-、-습니다が付いた形。　159 갈게요は、가다 (行く) に-ㄹ게요が付いた形で、[갈께요]と発音 (ㄹの後の濃音化)。　161 말해 주세요は、말하다 (言う) に-어 주세요が付いた形。　162 비빔밥을は、[비빔빠블]と発音 (合

언제나 웃는 얼굴이 좋아요. [운는] [얼구리] [조아요]	いつも笑っている顔が好きです。
그럼, **먼저** 실례하겠습니다. [실레하겓씀니다]	では、お先に失礼します。
버스가 생각보다 **빨리** 왔어요. [생각뽀다] [와써요]	バスが思ったより早く来ました。
네. **곧** 갈게요. [갈께요]	はい。すぐ行きます。
천천히 가세요. [천처니]	ゆっくり行ってください。
다시 한 번 말해 주세요. [마래]	もう一度言ってください。
저는 비빔밥을 **잘** 먹습니다. [비빔빠블] [먹씀니다]	私はビビンバをよく食べます。
우리는 **같이** 여행을 갑니다. [가치] [감니다]	私たちは一緒に旅行に行きます。
모두 얼마예요? [얼마에요]	全部で幾らですか?
여기 물건은 **다** 비싸요? [물거는]	ここの品物は全部高いですか?

成語の濃音化)。 163 **같이**は、[가치]と発音 (口蓋音化)。

5級_2週目 活用 基本形−ハムニダ体現在−ヘヨ体現在−ヘヨ体過去−ヘヨ体尊敬現在

12日目 [TR017]

	基本形	ハムニダ体現在	ヘヨ体現在	ヘヨ体過去	ヘヨ体尊敬現在
□ 132	하다 〈하用〉	합니다	해요	했어요	하세요
□ 133	잘하다 〈하用〉	잘합니다	잘해요	잘했어요	잘하세요
□ 134	못하다 〈하用〉	못합니다	못해요	못했어요	못하세요
□ 135	알다 〈ㄹ語幹〉	압니다	알아요	알았어요	아세요
□ 136	모르다 〈르変〉	모릅니다	몰라요	몰랐어요	모르세요
□ 137	배우다	배웁니다	배워요	배웠어요	배우세요
□ 138	가르치다	가르칩니다	가르쳐요	가르쳤어요	가르치세요
□ 139	잊다	잊습니다	잊어요	잊었어요	잊으세요
□ 140	읽다	읽습니다	읽어요	읽었어요	읽으세요
□ 141	쓰다[1] 〈으語幹〉	씁니다	써요	썼어요	쓰세요
□ 142	잘되다	잘됩니다	잘돼요	잘됐어요	잘되세요
□ 143	안되다	안됩니다	안돼요	안됐어요	안되세요

入門・初級レベルで最もよく使われる活用形を掲載しました。活用が正則でない場合は、基本形の横に変則活用の種類をアイコンで示しました（アイコンの見方はP.006参照）。

13日目 [TR018]

☐ 144	**만들다** ㄹ語幹	만듭니다	만들어요	만들었어요	만드세요
☐ 145	**끝나다**	끝납니다	끝나요	끝났어요	끝나세요
☐ 146	**입다**	입습니다	입어요	입었어요	입으세요
☐ 147	**신다**	신습니다	신어요	신었어요	신으세요
☐ 148	**쓰다**² 으語幹	씁니다	써요	썼어요	쓰세요
☐ 149	**벗다**	벗습니다	벗어요	벗었어요	벗으세요
☐ 150	**앉다**	앉습니다	앉아요	앉았어요	앉으세요
☐ 151	**일어나다**	일어납니다	일어나요	일어났어요	일어나세요
☐ 152	**자다**	잡니다	자요	잤어요	주무세요
☐ 153	**살다** ㄹ語幹	삽니다	살아요	살았어요	사세요
☐ 154	**가다**	갑니다	가요	갔어요	가세요
☐ 155	**오다**	옵니다	와요	왔어요	오세요

5級_2週目 チェック1　韓国語 ▶ 日本語

- 084 **지금**
- 085 **이번**
- 086 **다음**
- 087 **지난달**
- 088 **지난주**
- 089 **다음 달**
- 090 **다음 주**
- 091 **작년**
- 092 **올해**
- 093 **내년**
- 094 **쯤**
- 095 **일**[1]
- 096 **일월**
- 097 **이월**
- 098 **삼월**
- 099 **사월**
- 100 **오월**
- 101 **유월**
- 102 **칠월**
- 103 **팔월**
- 104 **구월**

- 105 **시월**
- 106 **십일월**
- 107 **십이월**
- 108 **봄**
- 109 **여름**
- 110 **가을**
- 111 **겨울**
- 112 **요일**
- 113 **월요일**
- 114 **화요일**
- 115 **수요일**
- 116 **목요일**
- 117 **금요일**
- 118 **토요일**
- 119 **일요일**
- 120 **매일**
- 121 **아침**
- 122 **낮**
- 123 **저녁**
- 124 **밤**
- 125 **오전**

次の韓国語の訳を書いてみましょう。分からなかった単語は、前に戻ってもう一度覚えましょう。

- [ ] 126 오후
- [ ] 127 어제
- [ ] 128 오늘
- [ ] 129 내일
- [ ] 130 모레
- [ ] 131 어젯밤
- [ ] 132 하다
- [ ] 133 잘하다
- [ ] 134 못하다
- [ ] 135 알다
- [ ] 136 모르다
- [ ] 137 배우다
- [ ] 138 가르치다
- [ ] 139 잊다
- [ ] 140 읽다
- [ ] 141 쓰다[1]
- [ ] 142 잘되다
- [ ] 143 안되다
- [ ] 144 만들다
- [ ] 145 끝나다
- [ ] 146 입다
- [ ] 147 신다
- [ ] 148 쓰다[2]
- [ ] 149 벗다
- [ ] 150 앉다
- [ ] 151 일어나다
- [ ] 152 자다
- [ ] 153 살다
- [ ] 154 가다
- [ ] 155 오다
- [ ] 156 언제나
- [ ] 157 먼저
- [ ] 158 빨리
- [ ] 159 곧
- [ ] 160 천천히
- [ ] 161 다시
- [ ] 162 잘
- [ ] 163 같이
- [ ] 164 모두
- [ ] 165 다

5級_2週目 チェック2 日本語▶韓国語

- ☐ 084 今
- ☐ 085 今度
- ☐ 086 次
- ☐ 087 先月
- ☐ 088 先週
- ☐ 089 来月
- ☐ 090 来週
- ☐ 091 昨年
- ☐ 092 今年
- ☐ 093 来年
- ☐ 094 ～頃
- ☐ 095 ～日
- ☐ 096 1月
- ☐ 097 2月
- ☐ 098 3月
- ☐ 099 4月
- ☐ 100 5月
- ☐ 101 6月
- ☐ 102 7月
- ☐ 103 8月
- ☐ 104 9月
- ☐ 105 10月
- ☐ 106 11月
- ☐ 107 12月
- ☐ 108 春
- ☐ 109 夏
- ☐ 110 秋
- ☐ 111 冬
- ☐ 112 曜日
- ☐ 113 月曜日
- ☐ 114 火曜日
- ☐ 115 水曜日
- ☐ 116 木曜日
- ☐ 117 金曜日
- ☐ 118 土曜日
- ☐ 119 日曜日
- ☐ 120 毎日
- ☐ 121 朝
- ☐ 122 昼
- ☐ 123 夕方
- ☐ 124 夜
- ☐ 125 午前

次の日本語に該当する単語を書いてみましょう。分からなかった単語は、前に戻ってもう一度覚えましょう。

- ☐ 126 午後
- ☐ 127 昨日
- ☐ 128 今日
- ☐ 129 あした
- ☐ 130 あさって
- ☐ 131 昨夜
- ☐ 132 する
- ☐ 133 上手だ
- ☐ 134 下手だ
- ☐ 135 知る
- ☐ 136 知らない
- ☐ 137 習う
- ☐ 138 教える
- ☐ 139 忘れる
- ☐ 140 読む
- ☐ 141 書く
- ☐ 142 うまくいく
- ☐ 143 うまくいかない
- ☐ 144 作る
- ☐ 145 終わる
- ☐ 146 着る
- ☐ 147 履く
- ☐ 148 かぶる
- ☐ 149 脱ぐ
- ☐ 150 座る
- ☐ 151 起きる
- ☐ 152 寝る
- ☐ 153 住む
- ☐ 154 行く
- ☐ 155 来る
- ☐ 156 いつも
- ☐ 157 先に
- ☐ 158 速く
- ☐ 159 すぐに
- ☐ 160 ゆっくりと
- ☐ 161 もう一度
- ☐ 162 よく
- ☐ 163 一緒に
- ☐ 164 全部
- ☐ 165 全部

5級_2週目 チャレンジ

01 土曜日に行きます。

02 いつも忙しいです。

03 その人の年を知りません。

04 すぐに終わります。

05 12月は冬です。

06 春が来ました。

07 一緒に住んでいます。

08 先に寝ます。

09 ゆっくり読みます。

10 もう一度書きます。

2週目で学んだ単語を使って韓国語の作文をしてみましょう。

11　上手に作ります。

12　韓国語を習います。

13　ここに座ります。

14　私たちが教えます。

15　月曜日が嫌です。

16　6月は夏ですか？

17　全部忘れました。

18　今日は何曜日ですか？

19　去年の秋。

20　韓国語ができません。

» 解答は P.283

5級_2週目 文法項目

2週目で新たに出てきた文法項目を確認しましょう。
右の列の数字は掲載番号です。

» 助詞

~께	~に	095

» 語尾・表現

-겠-	〈考えをえん曲に述べる語尾〉	090 / 157
-고 있다	~している	137 / 138 / 153
-아/-어/-여 보다	~してみる	147
-는	~する…〈動詞の現在連体形〉	156
-ㄹ게요/-을게요	~しますからね	159
-아/-어/-여 주다	~してあげる、~してくれる	161

5級

3 週目

☐ 名詞10	▸ 066
☐ 名詞11	▸ 068
☐ 名詞12	▸ 070
☐ 名詞13	▸ 072
☐ 動詞03	▸ 074
☐ 形容詞03	▸ 076
☐ 副詞02	▸ 078
活用	▸ 080
チェック1	▸ 082
チェック2	▸ 084
チャレンジ	▸ 086
文法項目	▸ 088

5級_15日目 名詞 10　　[TR019]

#	単語	意味
166	**처음** [チョウム]	最初、初めて　対 마지막 最後
167	**끝** [끋 クッ]	終わり、端、先　対 시작 始まり　類 마지막
168	**번** [ポン]	〜回、〜番、〜番目、〜度　漢 番
169	**시간** [シガン]	時間、時、時刻　漢 時間　類 때
170	**숫자** [숟짜 スッチャ]	数字　漢 数字
171	**돈** [トン]	お金
172	**값** [갑 カプ]	値段、価値
173	**백** [ペク]	100　漢 百
174	**천** [チョン]	千　漢 千
175	**만** [マン]	万　漢 万
176	**반** [パン]	半分、半　漢 半
177	**음식** [ウムシク]	食べ物、料理　漢 飲食

解説　166 만나고 싶었어요は、만나다 (会う) に-고 싶었어요が付いた形。〜을/〜를 만나다で「〜に会う」という意味。　167 끝이에요は、[끄치에요]と発音 (口蓋音化)。　168 〜을/〜를 만나다で「〜に会う」という意味。　169 빨라요は、르変則の빠르다 (早い) に-아요が付いた形。　170 몰라요は、르変則の모르다 (分からない) に-아요が付いた形。

| | DATE 年 月 日 |
| | DATE 年 月 日 |

文 **처음**부터 선생님을 만나고 싶었어요.
　　　　　선생니믈　　　　시퍼써요
最初から先生に会いたかったです。

이제 겨울도 **끝**이에요.
　　　　　 끄치에요
もう冬も終わりです。

文 그 사람을 세 **번** 만났어요.
　 사라믈　　　　만나써요
その人に3回会いました。

活 **시간**이 참 빨라요.
　 시가니
時間は本当に早いですよ。

活 저는 **숫자**를 잘 몰라요.
　　　　숟짜를
私は数字がよく分かりません。

돈이 이백 원밖에 없습니다.
도니　이배 권바께　 업씀니다
お金が200ウォンしかありません。

이 가게가 **값**이 더 싸요.
　　　　 갑씨
この店の方が、値段がもっと安いです。

그 말은 **백** 번 들었어요.
　 마른　　　 드러써요
その言葉は100回聞きました。

천 원에 몇 개예요?
처 눤에　 멷 깨에요
千ウォンで何個ですか?

補 이것은 하나에 **만** 오천 원이에요.
　 이거슨　　　　　　오처 눠니에요
これは一つ1万5000ウォンです。

그거 **반**만 주세요.
それ、半分だけ下さい。

文 어떤 **음식**을 먹고 싶어요?
　　　　 음시글　 먹꼬　시퍼요
どんな料理が食べたいですか?

175 「1万」は **일만**とは言わず、만と言います。 177 **먹고 싶어요?**は、먹다 (食べる) に-**고 싶어요?**が付いた形。

5級_16日目 名詞 11 [TR020]

#	韓国語	日本語
178	**맛** [맏 マッ]	味
179	**밥** [パプ]	ご飯、飯 類 식사 関 반찬 おかず
180	**국** [クク]	スープ、汁
181	**고기** [コギ]	肉、魚 関 야채 野菜
182	**생선** [センソン]	魚、鮮魚 漢 生鮮 類 물고기
183	**과일** [クァイル]	果物 関 야채 野菜
184	**빵** [パン]	パン
185	**비빔밥** [비빔빱 ピビムパプ]	ビビンバ
186	**냉면** [ネンミョン]	冷麺 漢 冷麵
187	**불고기** [プルゴギ]	プルコギ、焼き肉
188	**쇠고기** [スェゴギ]	牛肉 類 소고기
189	**사과** [サグァ]	リンゴ 漢 沙果

解説　181 먹고 싶어요は、먹다 (食べる)に-고 싶어요が付いた形。　182 못 먹어요は、[몬 머거요]と発音 (鼻音化)。　185 비빔밥을は、[비빔빠블]と発音 (合成語の濃音化)。

어떤 **맛**이에요? _{마시에요}	どんな味ですか？
엄마 **밥**은 맛있어요. _{바븐　마시써요}	お母さんの作ったご飯はおいしいです。
오늘 저녁은 **국**이 맛있어요. _{저녀근　구기　마시써요}	今日の晩ご飯はスープがおいしいです。
文 오늘은 **고기**가 먹고 싶어요. _{오느른　먹꼬　시퍼요}	今日は肉が食べたいです。
저는 **생선**을 못 먹어요. _{생서늘　몬 머거요}	私は魚が食べられません。
어떤 **과일**을 샀어요? _{과이를　사써요}	どんな果物を買いましたか？
빵을 밥보다 자주 먹어요. _{밥뽀다　머거요}	パンをご飯よりもよく食べます。
어제 **비빔밥**을 만들었어요. _{비빔빠블　만드러써요}	昨日ビビンバを作りました。
여름에는 **냉면**을 먹습니다. _{여르메는　냉며늘　먹씀니다}	夏は冷麺を食べます。
오늘은 **불고기**를 먹어요? _{오느른　머거요}	今日はプルコギを食べますか？
쇠고기가 돼지고기보다 비싸요.	牛肉が豚肉より高いです。
아침에는 **사과** 주스만 마십니다. _{아치메는　마심니다}	朝はりんごジュースしか飲みません（だけ飲みます）。

5級_17日目　名詞 12　　[TR021]

190	**김치** [キムチ]	キムチ
191	**고추** [コチュ]	唐辛子
192	**물** [ムル]	水
193	**술** [スル]	酒
194	**주스** [チュス]	ジュース　外 juice 類 음료수
195	**커피** [コピ]	コーヒー　外 coffee
196	**차¹** [チャ]	お茶　漢 茶
197	**우유** [ウユ]	牛乳　漢 牛乳
198	**설탕** [ソルタン]	砂糖　漢 雪糖
199	**소금** [ソグム]	塩
200	**소** [ソ]	牛
201	**돼지** [トェジ]	豚

解説　190 일본 사람は、[일본 싸람]と発音（合成語の濃音化）。　191 넣지 마세요は、넣다（入れる）に-지 마세요が付いた形。넣지は、[너치]と発音（激音化）。　194 마시고 싶어요は、마시다（飲む）に-고 싶어요が付いた形。　196 마시고は、마시다（飲む）に-고が付いた形。　198 넣지 마세요は、넣다（入れる）に-지 마세요が付いた形。넣지は、[너치]

일본 사람들도 **김치**를 좋아해요. _{일본 싸람들도　　　　조아해요}	日本人もキムチが好きです。
文 냉면에 **고추**는 넣지 마세요. _{냉며네　　너치}	冷麺に唐辛子は入れないでください。
물 한 잔 주세요.	お水1杯下さい。
술을 많이 안 마셔요. _{수를　마니}	お酒はあまり飲みません。
文 콜라보다 **주스**를 마시고 싶어요. _{시퍼요}	コーラよりジュースが飲みたいです。
커피를 하루에 세 잔 마셔요.	コーヒーを1日3杯飲みます。
文 **차**를 마시고 영화를 봤습니다. _{받씀니다}	お茶を飲んで映画を見ました。
매일 **우유** 한 잔을 마십니다. _{자늘　마심니다}	毎日牛乳を1杯飲みます。
文 커피에 **설탕**은 넣지 마세요. _{너치}	コーヒーに砂糖は入れないでください。
국에 **소금**이 많이 들어갔어요. _{구게　소그미　마니　드러가써요}	スープに塩がたくさん入っています。
소는 언제나 열심히 일합니다. _{열씨미　이람니다}	牛はいつも一生懸命働きます。
돼지는 잘 먹어요. _{머거요}	豚はよく食べます。

と発音（激音化）。　200 **열심히**は、[열씨미]と発音（漢字語の濃音化）。

5級_18日目 名詞 13 [TR022]

202	**개** [ケ]	犬
203	**고양이** [コヤンイ]	猫
204	**새** [セ]	鳥
205	**닭** [닥 タク]	ニワトリ
206	**나라** [ナラ]	国
207	**일본** [イルボン]	日本　漢 日本
208	**한국** [ハングク]	韓国　漢 韓国
209	**조선** [チョソン]	朝鮮　漢 朝鮮
210	**외국** [ウェグク]	外国　漢 外国
211	**한국어** [한구거 ハングゴ]	韓国語　漢 韓国語 類 한국말
212	**일본어** [일보너 イルボノ]	日本語　漢 日本語
213	**영어** [ヨンオ]	英語　漢 英語

解説　205 못 먹어요は、[몬 머거요]と発音（鼻音化）。　206 좋습니다は、[조씀니다]と発音（語尾の濃音化）。　207 많습니다は、[만씀니다]と発音（語尾の濃音化）。　210 좋아하는は좋아하다（好きだ）の現在連体形。　213 잘하고 싶어요は、잘하다（上手だ）に-고 싶어요が付いた形。

우리 집 **개**는 작아요. <small>자가요</small>	うちの家の犬は小さいです。
동생이 **고양이**하고 놀아요. <small>노라요</small>	弟／妹が猫と遊んでいます。
아침에 **새**가 울었어요. <small>아치메 우러써요</small>	朝、鳥が鳴きました。
닭은 못 먹어요. <small>달근 몬 머거요</small>	ニワトリは食べられません。
저는 이 **나라**가 좋습니다. <small>조씀니다</small>	私はこの国が好きです。
일본에도 한국 사람이 많습니다. <small>일보네도 한국 싸라미 만씀니다</small>	日本にも韓国人が多いです。
한국에 몇 번 갔어요? <small>한구게 멷 뻔 가써요</small>	韓国に何回行きましたか？
이것은 **조선**에서 왔습니다. <small>이거슨 조서네서 왇씀니다</small>	これは朝鮮から来ました。
文 좋아하는 **외국**은 어디예요? <small>조아하는 외구근 어디에요</small>	好きな外国はどこですか？
한국어는 언제부터 공부했습니까? <small>한구거는 공부핻씀니까</small>	韓国語はいつから勉強していますか？
일본어 책이 있어요. <small>일보너 채기 이써요</small>	日本語の本があります。
文 **영어**도 잘하고 싶어요. <small>자라고 시퍼요</small>	英語も上手になりたいです。

5級_19日目 動詞 03   [TR023]

#	韓国語	意味
214	**타다** [タダ]	乗る、(スキーやそりなどで) 滑る 対 내리다 降りる
215	**내리다** [ネリダ]	降りる、下ろす、降る 対 타다 乗る 関 오르다 登る、上がる
216	**다니다** [タニダ]	通う
217	**기다리다** [キダリダ]	待つ
218	**만나다** [マンナダ]	会う 対 헤어지다 別れる
219	**보다** [ポダ]	見る、会う
220	**먹다** [먹따 モクタ]	食べる、飲む 関 마시다 飲む
221	**마시다** [マシダ]	飲む、吸う 関 먹다 食べる
222	**놀다** [ノルダ]	遊ぶ、(勤めなどを) 休む 活 ㄹ語幹 類 쉬다
223	**찾다** [찯따 チャッタ]	探す、見つける、見つかる、(お金を) 下ろす 関 잃어버리다 なくす
224	**사다** [サダ]	買う 対 팔다 売る
225	**팔다** [パルダ]	売る 活 ㄹ語幹 対 사다 買う

解説　214 타고는、타다に-고が付いた形。　215 빵집 앞에서는、[빵찌 바페서]と発音 (合成語の濃音化)。　216 다니고 있어요は、다니다に-고 있어요が付いた形。　217 기다리지 마세요は、기다리다に-지 마세요が付いた形。　218 만나고 왔어요は、만나다に-고 왔어요が付いた形。　221 마시고는、마시다に-고が付いた形。　222 같이は、[가치]と発音 ↗

| | DATE 年 月 日 |
| | DATE 年 月 日 |

文 저는 전철을 **타고** 회사에 갑니다.
　　　전처를　　　　　　감니다

빵집 앞에서 **내렸어요**.
빵찌 바페서　　내려요

文 딸은 고등학교에 **다니고** 있어요.
따른　고등학교에　　　　이써요

文 저를 **기다리지** 마세요.

文 한국 친구를 **만나고** 왔어요.
　　　　　　　　　　와써요

저는 자주 영화를 **봅니다**.
　　　　　　　　봄니다

밥을 많이 **먹었어요**.
바블　마니　머거써요

文 커피를 **마시고** 책을 **읽었어요**.
　　　　　　　채글　일거써요

친구와 같이 **놀아요**.
　　　가치　노라요

지금 무엇을 **찾고** 계세요?
　　무어슬　찬꼬　게세요

새 차를 **삽니다**.
　　　삼니다

補活 여기서 옷을 **팝니다**.
　　　　오슬　팜니다

私は電車に乗って会社に行きます。

パン屋の前で降りました。

娘は高校に通っています。

私を待たないでください。

韓国の友達に会ってきました。

私はよく映画を見ます。

ご飯をたくさん食べました。

コーヒーを飲んで本を読みました。

友達と一緒に遊びます。

今、何を探していらっしゃいますか?

新しい車を買います。

ここで服を売っています。

（口蓋音化）。　225　〜서は、〜에서の縮約形。팝니다は、ㄹ語幹の팔다に-ㅂ니다が付いた形。

5級_20日目 形容詞 03　　　[TR024]

226 길다 [キルダ]
長い
活 ㄹ語幹　対 짧다 短い

227 짧다 [짤따 チャルタ]
短い、足りない、浅い
対 길다 長い

228 어렵다 [어렵따 オリョプタ]
難しい、貧しい
活 ㅂ変則　対 쉽다 易しい

229 쉽다 [쉽따 シュイプタ]
易しい
活 ㅂ変則　対 어렵다 難しい

230 멀다 [モルダ]
遠い
活 ㄹ語幹　対 가깝다 近い

231 가깝다 [가깝따 カッカプタ]
近い、親しい
活 ㅂ変則　対 멀다 遠い

232 덥다 [덥따 トプタ]
暑い
活 ㅂ変則　対 춥다 寒い

233 춥다 [춥따 チュプタ]
寒い
活 ㅂ変則　対 덥다 暑い

234 차다 [チャダ]
冷たい

235 많다 [만타 マンタ]
多い
副 많이 たくさん　対 적다 少ない

236 같다 [갇따 カッタ]
同じだ、一緒だ、等しい
副 같이 一緒に　対 다르다 違う

237 늦다¹ [늗따 ヌッタ]
遅い
対 빠르다 速い

解説　228 **어려웠어요**は、ㅂ変則の**어렵다**に**-었어요**が付いた形。　229 **쉬웠어요**は、ㅂ変則の**쉽다**に**-었어요**が付いた形。　231 **가까워요**は、ㅂ変則の**가깝다**に**-어요**が付いた形。　232 **더워요**は、ㅂ変則の**덥다**に**-어요**が付いた形。　233 **추워요**は、ㅂ変則の**춥다**に**-어요**が付いた形。　236 **같은**は**같다**の現在連体形。

누나는 머리가 **길어요**. _{기러요}	お姉さんは髪が長いです。
저 여자의 치마는 **짧아요**. _{여자에 짤바요}	あの女の人のスカートは短いです。
活 어제 시험은 **어려웠어요**. _{시허믄 어려워써요}	昨日の試験は難しかったです。
活 이번 시험 문제는 너무 **쉬웠어요**. _{쉬워써요}	今回の試験問題はとても易しかったです。
학교에서 집까지 **멀어요**? _{학꾜에서 머러요}	学校から家まで遠いですか?
活 도서관은 우리 집에서 **가까워요**. _{도서과는 지베서}	図書館は家から近いです。
活 오늘은 무척 **더워요**. _{오느른}	今日はとても暑いです。
活 밖이 너무 **추워요**. _{바끼}	外はとても寒いです。
여름에도 여기는 물이 **차요**. _{여르메도 무리}	夏もここは水が冷たいです。
여기는 한국 사람이 **많아요**. _{한국 싸라미 마나요}	ここは韓国人が多いです。
文 이 옷과 저 옷은 **같은** 색이에요. _{옫꽈 오슨 가튼 새기에요}	この服とあの服は同じ色です。
어제보다 한 시간 **늦어요**. _{느저요}	昨日より1時間遅いです。

5級_21日目 副詞 02 [TR025]

#	単語	意味
238	**제일** [チェイル]	一番、最も　漢 第一 類 가장
239	**정말** [チョンマル]	本当に、(名詞として) 本当、真実　漢 正- 類 참
240	**아주** [アジュ]	とても、非常に 類 매우, 무척
241	**많이** [マニ マニ]	多く、たくさん 形 많다 多い　対 조금 少し
242	**너무** [ノム]	とても、あまりにも
243	**더** [ト]	もっと、よりいっそう、さらに 類 더욱
244	**좀** [チョム]	少し、ちょっと 類 조금　対 많이 たくさん
245	**그리고** [クリゴ]	そして
246	**또** [ト]	また、さらに 関 다시 もう一度
247	**그러면** [クロミョン]	それでは、それなら
248	**하지만** [ハジマン]	しかし、だが 類 그렇지만, 그러나
249	**그런데** [クロンデ]	ところで

解説　242 추워요는, ㅂ変則の춥다 (寒い) に -어요が付いた形。　244 받아 주세요는, 받다 (受ける) に -아 주세요が付いた形。　247 가시겠습니까?는, 가다 (行く) に尊敬の -시-, えん曲の -겠-, -습니까?が付いた形。　249 ~이/~가 어떻게 되십니까?/되세요?는, 「~は何ですか?」「~は幾つですか?」などを丁寧に尋ねるときの表現。어떻게는, [어떠케] ↗

나는 불고기를 **제일** 좋아해요. 　　　　　　　조아해요	私はプルコギが一番好きです。
그 말이 **정말**입니까? 마리　　정마림니까	その話は本当ですか?
김치가 **아주** 맛있어요. 　　　　　마시써요	キムチがとてもおいしいです。
콘서트에 사람들이 **많이** 왔어요? 　　　　사람드리　마니　와써요	コンサートに人がたくさん来ましたか?
圀 한국 겨울은 **너무** 추워요. 　　겨우른	韓国の冬はとても寒いです。
여기 반찬 **더** 주세요.	ここ、おかずもっと下さい。
文 전화 **좀** 받아 주세요. 저놔　　바다	電話にちょっと出てください。
그리고 다음에는 언제 만나요? 　　　다으메는	それから、次回はいつ会いますか?
내일 **또** 만나요.	あしたまた会いましょう。
文 **그러면** 먼저 가시겠습니까? 　　　　　　가시겔씀니까	それでは、先にお行きになりますか?
하지만 일요일에는 시간이 없어요. 　　　이료이레는　시가니　업써요	しかし、日曜日は時間がありません。
補 **그런데**, 나이가 어떻게 되십니까? 　　　　　　어떠케　　되심니까	ところで、年はお幾つでしょうか?

と発音(激音化)。

5級_3週目 活用 基本形-ハムニダ体現在-ヘヨ体現在-ヘヨ体過去-ヘヨ体尊敬現在

19日目 [TR026]

	基本形	ハムニダ体現在	ヘヨ体現在	ヘヨ体過去	ヘヨ体尊敬現在
214	타다	탑니다	타요	탔어요	타세요
215	내리다	내립니다	내려요	내렸어요	내리세요
216	다니다	다닙니다	다녀요	다녔어요	다니세요
217	기다리다	기다립니다	기다려요	기다렸어요	기다리세요
218	만나다	만납니다	만나요	만났어요	만나세요
219	보다	봅니다	봐요	봤어요	보세요
220	먹다	먹습니다	먹어요	먹었어요	드세요
221	마시다	마십니다	마셔요	마셨어요	드세요
222	놀다 ㄹ語幹	놉니다	놀아요	놀았어요	노세요
223	찾다	찾습니다	찾아요	찾았어요	찾으세요
224	사다	삽니다	사요	샀어요	사세요
225	팔다 ㄹ語幹	팝니다	팔아요	팔았어요	파세요

入門・初級レベルで最もよく使われる活用形を掲載しました。活用が正則でない場合は、基本形の横に変則活用の種類をアイコンで示しました（アイコンの見方はP.006参照）。

20日目　[TR027]

□ 226	**길다** ㄹ語幹	깁니다	길어요	길었어요	기세요
□ 227	**짧다**	짧습니다	짧아요	짧았어요	짧으세요
□ 228	**어렵다** ㅂ変	어렵습니다	어려워요	어려웠어요	어려우세요
□ 229	**쉽다** ㅂ変	쉽습니다	쉬워요	쉬웠어요	쉬우세요
□ 230	**멀다** ㄹ語幹	멉니다	멀어요	멀었어요	머세요
□ 231	**가깝다** ㅂ変	가깝습니다	가까워요	가까웠어요	가까우세요
□ 232	**덥다** ㅂ変	덥습니다	더워요	더웠어요	더우세요
□ 233	**춥다** ㅂ変	춥습니다	추워요	추웠어요	추우세요
□ 234	**차다**	찹니다	차요	찼어요	차세요
□ 235	**많다**	많습니다	많아요	많았어요	많으세요
□ 236	**같다**	같습니다	같아요	같았어요	같으세요
□ 237	**늦다**[1]	늦습니다	늦어요	늦었어요	늦으세요

5級_3週目 **チェック1** 韓国語 ▶ 日本語

- □ 166 **처음**
- □ 167 **끝**
- □ 168 **번**
- □ 169 **시간**
- □ 170 **숫자**
- □ 171 **돈**
- □ 172 **값**
- □ 173 **백**
- □ 174 **천**
- □ 175 **만**
- □ 176 **반**
- □ 177 **음식**
- □ 178 **맛**
- □ 179 **밥**
- □ 180 **국**
- □ 181 **고기**
- □ 182 **생선**
- □ 183 **과일**
- □ 184 **빵**
- □ 185 **비빔밥**
- □ 186 **냉면**
- □ 187 **불고기**
- □ 188 **쇠고기**
- □ 189 **사과**
- □ 190 **김치**
- □ 191 **고추**
- □ 192 **물**
- □ 193 **술**
- □ 194 **주스**
- □ 195 **커피**
- □ 196 **차**[1]
- □ 197 **우유**
- □ 198 **설탕**
- □ 199 **소금**
- □ 200 **소**
- □ 201 **돼지**
- □ 202 **개**
- □ 203 **고양이**
- □ 204 **새**
- □ 205 **닭**
- □ 206 **나라**
- □ 207 **일본**

次の韓国語の訳を書いてみましょう。分からなかった単語は、前に戻ってもう一度覚えましょう。

- [ ] 208 한국
- [ ] 209 조선
- [ ] 210 외국
- [ ] 211 한국어
- [ ] 212 일본어
- [ ] 213 영어
- [ ] 214 타다
- [ ] 215 내리다
- [ ] 216 다니다
- [ ] 217 기다리다
- [ ] 218 만나다
- [ ] 219 보다
- [ ] 220 먹다
- [ ] 221 마시다
- [ ] 222 놀다
- [ ] 223 찾다
- [ ] 224 사다
- [ ] 225 팔다
- [ ] 226 길다
- [ ] 227 짧다
- [ ] 228 어렵다
- [ ] 229 쉽다
- [ ] 230 멀다
- [ ] 231 가깝다
- [ ] 232 덥다
- [ ] 233 춥다
- [ ] 234 차다
- [ ] 235 많다
- [ ] 236 같다
- [ ] 237 늦다[1]
- [ ] 238 제일
- [ ] 239 정말
- [ ] 240 아주
- [ ] 241 많이
- [ ] 242 너무
- [ ] 243 더
- [ ] 244 좀
- [ ] 245 그리고
- [ ] 246 또
- [ ] 247 그러면
- [ ] 248 하지만
- [ ] 249 그런데

5級_3週目 チェック2 日本語▶韓国語

- ☐ 166 最初
- ☐ 167 終わり
- ☐ 168 〜回
- ☐ 169 時間
- ☐ 170 数字
- ☐ 171 お金
- ☐ 172 値段
- ☐ 173 100
- ☐ 174 千
- ☐ 175 万
- ☐ 176 半分
- ☐ 177 食べ物
- ☐ 178 味
- ☐ 179 ご飯
- ☐ 180 スープ
- ☐ 181 肉
- ☐ 182 魚
- ☐ 183 果物
- ☐ 184 パン
- ☐ 185 ビビンバ
- ☐ 186 冷麺
- ☐ 187 プルコギ
- ☐ 188 牛肉
- ☐ 189 リンゴ
- ☐ 190 キムチ
- ☐ 191 唐辛子
- ☐ 192 水
- ☐ 193 酒
- ☐ 194 ジュース
- ☐ 195 コーヒー
- ☐ 196 お茶
- ☐ 197 牛乳
- ☐ 198 砂糖
- ☐ 199 塩
- ☐ 200 牛
- ☐ 201 豚
- ☐ 202 犬
- ☐ 203 猫
- ☐ 204 鳥
- ☐ 205 ニワトリ
- ☐ 206 国
- ☐ 207 日本

次の日本語に該当する単語を書いてみましょう。分からなかった単語は、前に戻ってもう一度覚えましょう。

- ☐ 208 韓国
- ☐ 209 朝鮮
- ☐ 210 外国
- ☐ 211 韓国語
- ☐ 212 日本語
- ☐ 213 英語
- ☐ 214 乗る
- ☐ 215 降りる
- ☐ 216 通う
- ☐ 217 待つ
- ☐ 218 会う
- ☐ 219 見る
- ☐ 220 食べる
- ☐ 221 飲む
- ☐ 222 遊ぶ
- ☐ 223 探す
- ☐ 224 買う
- ☐ 225 売る
- ☐ 226 長い
- ☐ 227 短い
- ☐ 228 難しい

- ☐ 229 易しい
- ☐ 230 遠い
- ☐ 231 近い
- ☐ 232 暑い
- ☐ 233 寒い
- ☐ 234 冷たい
- ☐ 235 多い
- ☐ 236 同じだ
- ☐ 237 遅い
- ☐ 238 一番
- ☐ 239 本当に
- ☐ 240 とても
- ☐ 241 多く
- ☐ 242 とても
- ☐ 243 もっと
- ☐ 244 少し
- ☐ 245 そして
- ☐ 246 また
- ☐ 247 それでは
- ☐ 248 しかし
- ☐ 249 ところで

5級_3週目 チャレンジ

01　ご飯がおいしいです。

02　牛肉が安いです。

03　初めて食べました。

04　来週、友達と会います。

05　韓国語が難しいです。

06　牛乳が好きです。

07　少し暑いです。

08　今日はとても寒いです。

09　お酒を飲みました。

10　何の料理が好きですか？

3週目で学んだ単語を使って韓国語の作文をしてみましょう。

11　値段があまりにも高いです。

12　たくさん遊びました。

13　リンゴは果物です。

14　終わりまで見ました。

15　時間が短いです。

16　そこから一番近いです。

17　朝はパンとコーヒーです。

18　外国に行きたいです。

19　本当にまずいです。

20　犬が好きです。そして、猫も好きです。

» 解答は P.283

5級_3週目 文法項目

3週目で新たに出てきた文法項目を確認しましょう。
右の列の数字は掲載番号です。

» 助詞

~밖에	~しか、~以外に	171
~만	~だけ、~さえ	176 / 189
~하고	~と	203
~서	~で、~から	225
~의	~の	227
~까지	~まで、~までに	230

» 語尾・表現

-지 말다	~するのをやめる	191 / 198
-ㄴ/-은	〈形容詞の現在連体形〉~な…	236

5級

4週目

☐ 名詞14	▸ 090
☐ 名詞15	▸ 092
☐ 名詞16	▸ 094
☐ 名詞17	▸ 096
☐ 名詞18	▸ 098
☐ 動詞04	▸ 100
☐ 動詞05	▸ 102
活用	▸ 104
チェック1	▸ 106
チェック2	▸ 108
チャレンジ	▸ 110
文法項目	▸ 112

5級_22日目 名詞 14 [TR028]

250	**한글** [ハングル]	ハングル
251	**글** [クル]	文章、文、文字 類 문장　対 말 言葉
252	**단어** [다너 タノ]	単語　漢 単語
253	**몸** [モム]	体
254	**기분** [キブン]	気分　漢 気分 類 마음
255	**키** [キ]	身長、背
256	**머리** [モリ]	頭、髪
257	**얼굴** [オルグル]	顔
258	**눈¹** [ヌン]	目
259	**귀** [クィ]	耳
260	**코** [コ]	鼻
261	**입** [イブ]	口

解説　250 어려워요는、ㅂ変則の**어렵다** (難しい) に-어요が付いた形。　251 써요は、으語幹の **쓰다** (書く) に-어요が付いた形。　255 크고는、크다 (大きい) に-고が付いた形。　257 보고 싶어요는、보다 (見る) に-고 싶어요が付いた形。　258 예뻐요는、으語幹の**예쁘다** (きれいだ) に-어요が付いた形。　259 커요는、으語幹の**크다** (大きい) に-어요が付

	DATE 年 月 日
	DATE 年 月 日

活 **한글**은 생각보다 어려워요. 한그른 　　생각뽀다	ハングルは思ったより難しいです。
活 제 친구는 **글**을 잘 써요. 　　　　　그를	私の友達は文章を上手に書きます。
저는 그 **단어**를 좋아해요. 　　　다너를　　조아해요	私はその単語が好きです。
몸이 많이 피곤합니다. 모미　마니　　피고남니다	体がとても疲れています。
오늘은 **기분**이 안 좋아요. 오느른　기부니　　조아요	今日は気分が良くないです。
文 동생은 **키**도 크고 공부도 잘해요. 　　　　　　　　　　　자래요	弟／妹は背も高く勉強もよくできます。
그 사람은 **머리**가 좋아요. 　사라믄　　　　조아요	彼は頭がいいです。
文 **얼굴**을 보고 싶어요. 얼구를　　　시퍼요	顔を見たいです。
活 그 여자는 **눈**이 아주 예뻐요. 　　　　　누니	その女の人は目がとてもきれいです。
活 내 친구는 **귀**가 커요.	私の友達は耳が大きいです。
코에서 콧물이 나요. 　　　　콘무리	鼻から鼻水が出ます。
活 그 사람은 **입**이 커요. 　사라믄　이비	その人は口が大きいです。

いた形。　260 **콧물이**は、[콘무리]と発音 (鼻音化)。　261 **커요**は、으語幹の**크다** (大きい) に-어요が付いた形。

5級_23日目　名詞 15　　[TR029]

#	韓国語	意味
262	**가슴** [カスム]	胸
263	**마음** [マウム]	心　類 기분
264	**팔** [パル]	腕　対 다리 脚　関 손 手
265	**손** [ソン]	手　対 발 足　関 팔 腕
266	**배¹** [ペ]	腹　対 등 背
267	**허리** [ホリ]	腰
268	**다리¹** [タリ]	脚、足　対 팔 腕　関 발 足
269	**발** [パル]	足　対 손 手　関 다리 脚
270	**병¹** [ピョン]	病気　漢 病
271	**감기** [カムギ]	風邪　漢 感気
272	**의사** [ウィサ]	医者、医師　漢 医師
273	**약** [ヤク]	薬　漢 薬

解説　263 아파요は、으語幹の아프다 (痛い) に-아요が付いた形。　266 불러요は、르変則の부르다に-어요が付いた形。　267 좋습니다は、[조씀니다]と発音 (語尾の濃音化)。　269 빨라요は、르変則の빠르다 (速い) に-아요が付いた形。

	DATE 年 月 日
	DATE 年 月 日

어제부터 **가슴**이 아픕니다. 〔가스미〕 〔아픔니다〕	昨日から胸が痛いです。
活 엄마 생각에 **마음**이 아파요. 〔생가게〕 〔마으미〕	お母さんを思うと胸が痛いです。
내 **팔**은 짧아요. 〔파른〕 〔짤바요〕	私の腕は短いです。
제 친구는 **손**이 정말 예쁩니다. 〔소니〕 〔예쁨니다〕	私の友達は手が本当にきれいです。
活 **배**가 너무 불러요.	とてもおなかがいっぱいです。
우리 어머니는 **허리**가 안 좋습니다. 〔조씀니다〕	うちの母は腰が良くありません。
제 동생은 **다리**가 길어요. 〔기러요〕	私の弟／妹は足が長いです。
活 그 사람은 **발**이 빨라요. 〔사라믄〕 〔바리〕	その人は足が速いです。
병에 걸렸습니다. 〔걸렫씀니다〕	病気にかかりました。
감기에는 이 약이 좋아요. 〔야기〕 〔조아요〕	風邪にはこの薬がいいですよ。
우리 어머니는 **의사**예요. 〔의사에요〕	私の母は医者です。
약은 먹기 싫어요. 〔야근〕 〔먹끼〕 〔시러요〕	薬は飲みたくないです。

5級_24日目 名詞 16 [TR030]

274	**병원** [ピョンウォン]	病院　漢病院
275	**집** [チブ]	家、家庭、店 関 댁 お宅
276	**아파트** [アパトゥ]	マンション、アパート、団地　外 apart (ment)
277	**층** [チュン]	～階、層　漢層
278	**방** [パン]	部屋　漢房
279	**문** [ムン]	ドア、門　漢門
280	**화장실** [ファジャンシル]	トイレ、化粧室　漢化粧室
281	**책상** [책쌍 チェクサン]	机　漢冊床
282	**의자** [ウイジャ]	椅子　漢椅子
283	**회사** [フェサ]	会社　漢会社
284	**호텔** [ホテル]	ホテル　外 hotel
285	**가게** [カゲ]	店

解説　274 ~ 때문에は、「~のために、~が原因で」という意味。　276 韓国ではマンションのことを**아파트**と呼びます。　279 **열어 주세요**は、**열다**（開ける）に**-어 주세요**が付いた形。　282 **앉아 있었어요**は、**앉다**（座る）に**-아 있었어요**が付いた形。

文 감기 때문에 **병원**에 갔어요.	風邪のために病院に行きました。
오늘은 **집**에 다섯 시에 갑니다.	今日は家に5時に帰ります。
補 **아파트**는 편해요.	マンションは住みやすいです。
우리 집은 삼 **층**에 있어요.	うちの家は3階にあります。
여기는 제 **방**이에요.	ここは私の部屋です。
文 **문** 좀 열어 주세요.	ドアを開けてください。
화장실은 어디에 있어요?	お手洗いはどこにありますか?
이 **책상**이요?	この机ですか?
文 그때는 **의자**에 앉아 있었어요.	その時は椅子に座っていました。
저는 매일 **회사**에서 일합니다.	私は毎日会社で働いています。
호텔은 여기에서 멀어요.	ホテルはここから遠いです。
저 **가게**는 무슨 **가게**예요?	あの店は何の店ですか?

5級_25日目 名詞 17 [TR031]

#	韓国語	意味
286	**식당** [식땅 シクタン]	食堂　漢 食堂
287	**시장** [シジャン]	市場、マーケット　漢 市場
288	**손님** [ソンニム]	お客さん 対 주인 主人
289	**은행** [으냉 ウネン]	銀行　漢 銀行
290	**우체국** [ウチェグク]	郵便局　漢 郵遞局
291	**길** [キル]	道
292	**책** [チェク]	本　漢 冊
293	**우표** [ウピョ]	切手　漢 郵票
294	**편지** [ピョンジ]	手紙　漢 便紙
295	**종이** [チョンイ]	紙
296	**메일** [メイル]	メール　外 mail
297	**휴대폰** [ヒュデポン]	携帯電話　漢 携帯-　外 -phone 類 핸드폰

解説　293 써요は、으語幹の쓰다 (使う) に-어요が付いた形。　294 보고 싶어서は、보다 (会う) に-고 싶다、-어서が付いた形。썼어요は、으語幹の쓰다 (書く) に-었어요が付いた形。　296 연락は、[열락]と発音 (流音化)。

| | DATE 年 月 日 |
| | DATE 年 月 日 |

그 **식당**에는 사람이 많아요? 　식땅에는　　사라미　　마나요	その食堂は人が多いですか？
시장에서 양말을 샀어요. 　　　　양마를　　사써요	市場で靴下を買いました。
손님은 아직 안 가셨습니다. 　손니믄　　　　　　가셛씀니다	お客さまはまだお帰りになっていません。
은행은 근처에 없어요. 　으냉은　　　　　업써요	銀行は近くにありません。
우체국은 여기서 멀어요. 　우체구근　　　　　머러요	郵便局はここから遠いです。
여기 **길**은 넓어요. 　　　기른　　널버요	ここの道は広いです。
집에 **책**이 많아요. 　지베　채기　마나요	家に本がたくさんあります。
活 요즘에는 **우표**를 잘 안 써요. 　요즈메는	最近は切手をあまり使いません。
文 活 친구가 보고 싶어서 **편지**를 썼어요. 　　　　　　시퍼서　　　　　써써요	友達に会いたくて、手紙を書きました。
종이가 네 장 있어요. 　　　　　　이써요	紙が4枚あります。
메일로 연락 주세요. 　　　　열락	メールでご連絡ください。
수업 시간에 **휴대폰**은 안 돼요. 　수업 씨가네　휴대포는	授業時間に携帯電話は駄目です。

097

5級_26日目 名詞 18 [TR032]

#	韓国語	日本語
298	**시계** [시계 シゲ]	時計　漢 時計
299	**가방** [カバン]	かばん
300	**우산** [ウサン]	傘　漢 雨傘
301	**사진** [サジン]	写真　漢 写真
302	**신문** [シンムン]	新聞　漢 新聞
303	**옷** [옫 オッ]	服
304	**바지** [パジ]	ズボン 関 치마 スカート
305	**치마** [チマ]	スカート 関 바지 ズボン
306	**속옷** [소곧 ソゴッ]	下着、肌着
307	**양말** [ヤンマル]	靴下　漢 洋襪
308	**신발** [シンバル]	履物、靴 類 신　関 구두 革靴
309	**구두** [クドゥ]	革靴、靴 関 신발 履物

解説　298 예뻐요は、으語幹の예쁘다（かわいい）に-어요が付いた形。　300 오면は、오다（降る）に-면が付いた形。　301 찍어 주세요は、찍다（撮る）に-어 주세요が付いた形。　302 보는は보다（読む）の現在連体形。좋습니다は、[조씀니다]と発音（語尾の濃音化）。　307 추워서は、ㅂ変則の춥다（寒い）に-어서が付いた形。　308 벗고は、벗다（脱ぐ）↗

活 이 **시계**가 예뻐요. _{시게가}	この時計がかわいいです。
오늘 **가방**을 잃어버렸어요. _{이러버려써요}	今日かばんをなくしました。
文 비가 오면 이 **우산**을 쓰세요. _{우사늘}	雨が降ったらこの傘を差してください。
文 **사진** 좀 찍어 주세요. _{찌거}	写真を撮ってください。
文 **신문**은 매일 보는 것이 좋습니다. _{신무는 거시 조씀니다}	新聞は毎日読んだ方がいいです。
우리 누나는 **옷**이 많아요. _{오시 마나요}	うちの姉は服をいっぱい持っています(服が多いです)。
저는 **바지**를 안 좋아해요. _{조아해요}	私はズボンが好きじゃないです。
치마가 너무 짧아요. _{짤바요}	スカートが短すぎます。
속옷이 필요해요? _{소고시 피료해요}	下着が必要ですか?
文活 날씨가 추워서 **양말**을 신었습니다. _{양마를 시넏씀니다}	寒いので靴下を履きました。
文 **신발**은 벗고 들어오세요. _{신바른 벋꼬 드러오세요}	履物は脱いで入ってきてください。
이것은 **구두**라고 해요. _{이거슨}	これは革靴といいます。

に-고が付いた形。

5級_27日目 動詞 04　　[TR033]

310 주다 [チュダ]
あげる、くれる、与える
対 받다 もらう

311 보내다 [ポネダ]
送る、届ける、過ごす
関 받다 受け取る

312 받다 [받따 パッタ]
受け取る、受ける、もらう
対 주다 与える　関 보내다 送る

313 가지다 [カジダ]
持つ
類 지니다

314 놓다 [노타 ノタ]
置く、(手を) 放す
類 두다　対 잡다 つかむ

315 세우다 [セウダ]
立てる、建てる、(車を) 止める
関 짓다 (家などを) 建てる

316 열다 [ヨルダ]
開ける、開 (ひら) く、始める
活 ㄹ語幹　対 닫다 閉める　関 열리다 開かれる

317 닫다 [닫따 タッタ]
閉める
対 열다 開ける

318 넣다 [너타 ノタ]
入れる
対 내다 出す

319 내다 [ネダ]
出す、(時間を) 取る
対 넣다 入れる　関 나다 出る

320 쓰다³ [スダ]
使う
活 으語幹

321 찍다 [찍따 チクタ]
(写真を) 撮る、(はんこを) 押す、(点などを) 打つ、(液体や粉などを) つける

解説　313 가지고 있어요?は、가지다に-고 있어요?が付いた形。　314 놓아 주세요는、놓다に-아 주세요が付いた形。　317 닫아 주세요는、닫다に-아 주세요が付いた形。　319 낼 수 없어요는、내다に-ㄹ 수 없어요が付いた形。낼 수は、[낼 쑤]と発音 (ㄹ連体形の濃音化)。　320 쓰고 있어요는、쓰다に-고 있어요が付いた形。　321 찍어 줄게요는、찍다

	DATE 　年　月　日
	DATE 　年　月　日

여자 친구에게 꽃을 **주었어요**. 꼬츨　주어써요	彼女に花をあげました。
어머니한테 편지를 **보냈어요**. 　　　　　　　　보내써요	お母さんに手紙を送りました。
어제는 선물을 **받았습니다**. 　　　선무를　바닫씀니다	昨日はプレゼントをもらいました。
文 지금 돈을 얼마 **가지고** 있어요? 　　도늘　　　　　　이써요	今、お金を幾ら持っていますか？
文 의자는 여기에 **놓아** 주세요. 　　　　　　　　노아	椅子はここに置いてください。
여기에 건물을 **세웠습니다**. 　　건무를　세월씀니다	ここに建物を建てました。
대학 친구가 가게를 **열었어요**. 　　　　　　　　　　여러써요	大学の友達が店を開きました。
文 문을 **닫아** 주세요. 무늘　다다	ドアを閉めてください。
가방에 볼펜을 **넣었어요**. 　　　볼페늘　너어써요	かばんにボールペンを入れました。
文 오늘은 시간을 **낼** 수 없어요. 　오느른　시가늘　낼쑤　업써요	今日は時間を取ることができません。
文 그 노트는 제가 **쓰고** 있어요. 　　　　　　　　　　이써요	そのノートは私が使っています。
文 사진 한 장 **찍어** 줄게요. 　　　　　　찌거　줄께요	写真1枚、撮ってあげましょう。

に-**어 주다**、-**ㄹ게요**が付いた形。**줄게요**は、[**줄께요**]と発音（ㄹの後の濃音化）。

5級_28日目 動詞 05　　　　　[TR034]

322 나다 [ナダ]
出る、起こる、生える
対 들다 入る　関 내다 出す

323 나가다 [ナガダ]
出ていく、出る、出掛ける
対 들어오다 入ってくる　関 나오다 出てくる、出来上がる

324 나오다 [ナオダ]
出てくる、出来上がる
対 들어가다 入っていく　関 나가다 出ていく、出掛ける

325 지나다 [チナダ]
過ぎる、通る、超す
関 지내다 過ごす

326 걸리다 [コルリダ]
かかる、(時間が) かかる、つっかかる
関 걸다 かける

327 울다 [ウルダ]
泣く
活 ㄹ語幹　対 웃다 笑う

328 웃다 [욷따 ウッタ]
笑う
対 울다 泣く

329 좋아하다 [조아하다 チョアハダ]
好きだ、好む
活 하다用言　対 싫어하다 嫌いだ　関 좋다 好きだ

330 싫어하다 [시러하다 シロハダ]
嫌いだ、嫌う
活 하다用言　対 좋아하다 好きだ　関 싫다 嫌だ

331 시키다 [シキダ]
(料理などを) 注文する、させる、行わせる

解説　327 매일 밤は、[매일 빰]と発音 (合成語の濃音化)。　328 듣고は、듣다 (聞く) に-고が付いた形。　330 싫어하는は싫어하다の現在連体形。　331 비빔밥을は、[비빔빠블]と発音 (合成語の濃音化)。시키다は、飲食店で注文するときや出前を取るときなどによく使う。

| 가방에서 소리가 **나요**. | かばんの中から音がします。 |

| 지금 집을 **나갑니다**. | 今、家を出ます。 |
| 지블　나감니다 | |

| 학생들이 영화관에서 **나왔어요**. | 学生たちが映画館から出てきました。 |
| 학쌩드리　영화과네서　나와써요 | |

| 매일 그 가게 앞을 **지납니다**. | 毎日その店の前を通ります。 |
| 아플　지남니다 | |

| 숙제가 시간이 많이 **걸렸어요**. | 宿題が、時間がたくさんかかりました。 |
| 숙쩨가　시가니　마니　걸려써요 | |

| 매일 밤 옆집 아이가 **울어요**. | 毎晩、隣の家の子どもが泣きます。 |
| 매일 빰　엽찝　우러요 | |

| 文 제 이야기를 듣고 친구들이 **웃었어요**. | 私の話を聞いて友人たちが笑いました。 |
| 듣꼬　친구드리　우서써요 | |

| 나는 라면을 **좋아해요**. | 私はラーメンが好きです。 |
| 라며늘　조아해요 | |

| 文 **싫어하는** 사람이 있어요? | 嫌いな人がいますか? |
| 시러하는　사라미　이써요 | |

| 補 비빔밥을 **시켰어요**. | ビビンバを注文しました。 |
| 비빔빠블　시켜써요 | |

5級_4週目 活用　基本形−ハムニダ体現在−ヘヨ体現在−ヘヨ体過去−ヘヨ体尊敬現在

27日目　[TR035]

	基本形	ハムニダ体	ヘヨ体現在	ヘヨ体過去	ヘヨ体尊敬
□310	주다	줍니다	줘요	줬어요	주세요
□311	보내다	보냅니다	보내요	보냈어요	보내세요
□312	받다	받습니다	받아요	받았어요	받으세요
□313	가지다	가집니다	가져요	가졌어요	가지세요
□314	놓다	놓습니다	놓아요	놓았어요	놓으세요
□315	세우다	세웁니다	세워요	세웠어요	세우세요
□316	열다 ㄹ語幹	엽니다	열어요	열었어요	여세요
□317	닫다	닫습니다	닫아요	닫았어요	닫으세요
□318	넣다	넣습니다	넣어요	넣었어요	넣으세요
□319	내다	냅니다	내요	냈어요	내세요
□320	쓰다³ ㅇ語幹	씁니다	써요	썼어요	쓰세요
□321	찍다	찍습니다	찍어요	찍었어요	찍으세요

入門・初級レベルで最もよく使われる活用形を掲載しました。活用が正則でない場合は、基本形の横に変則活用の種類をアイコンで示しました（アイコンの見方はP.006参照）。

28日目　[TR036]

□ 322 **나다**	납니다	나요	났어요	나세요
□ 323 **나가다**	나갑니다	나가요	나갔어요	나가세요
□ 324 **나오다**	나옵니다	나와요	나왔어요	나오세요
□ 325 **지나다**	지납니다	지나요	지났어요	지나세요
□ 326 **걸리다**	걸립니다	걸려요	걸렸어요	걸리세요
□ 327 **울다** ㄹ語幹	웁니다	울어요	울었어요	우세요
□ 328 **웃다**	웃습니다	웃어요	웃었어요	웃으세요
□ 329 **좋아하다** 하用	좋아합니다	좋아해요	좋아했어요	좋아하세요
□ 330 **싫어하다** 하用	싫어합니다	싫어해요	싫어했어요	싫어하세요
□ 331 **시키다**	시킵니다	시켜요	시켰어요	시키세요

5級_4週目 チェック1 韓国語 ▶ 日本語

- [ ] 250 한글
- [ ] 251 글
- [ ] 252 단어
- [ ] 253 몸
- [ ] 254 기분
- [ ] 255 키
- [ ] 256 머리
- [ ] 257 얼굴
- [ ] 258 눈[1]
- [ ] 259 귀
- [ ] 260 코
- [ ] 261 입
- [ ] 262 가슴
- [ ] 263 마음
- [ ] 264 팔
- [ ] 265 손
- [ ] 266 배[1]
- [ ] 267 허리
- [ ] 268 다리[1]
- [ ] 269 발
- [ ] 270 병[1]
- [ ] 271 감기
- [ ] 272 의사
- [ ] 273 약
- [ ] 274 병원
- [ ] 275 집
- [ ] 276 아파트
- [ ] 277 층
- [ ] 278 방
- [ ] 279 문
- [ ] 280 화장실
- [ ] 281 책상
- [ ] 282 의자
- [ ] 283 회사
- [ ] 284 호텔
- [ ] 285 가게
- [ ] 286 식당
- [ ] 287 시장
- [ ] 288 손님
- [ ] 289 은행
- [ ] 290 우체국
- [ ] 291 길

次の韓国語の訳を書いてみましょう。分からなかった単語は、前に戻ってもう一度覚えましょう。

- 292 책
- 293 우표
- 294 편지
- 295 종이
- 296 메일
- 297 휴대폰
- 298 시계
- 299 가방
- 300 우산
- 301 사진
- 302 신문
- 303 옷
- 304 바지
- 305 치마
- 306 속옷
- 307 양말
- 308 신발
- 309 구두
- 310 주다
- 311 보내다
- 312 받다
- 313 가지다
- 314 놓다
- 315 세우다
- 316 열다
- 317 닫다
- 318 넣다
- 319 내다
- 320 쓰다[3]
- 321 찍다
- 322 나다
- 323 나가다
- 324 나오다
- 325 지나다
- 326 걸리다
- 327 울다
- 328 웃다
- 329 좋아하다
- 330 싫어하다
- 331 시키다

5級_4週目 チェック2 日本語 ▶ 韓国語

- [ ] 250 ハングル
- [ ] 251 文章
- [ ] 252 単語
- [ ] 253 体
- [ ] 254 気分
- [ ] 255 身長
- [ ] 256 頭
- [ ] 257 顔
- [ ] 258 目
- [ ] 259 耳
- [ ] 260 鼻
- [ ] 261 口
- [ ] 262 胸
- [ ] 263 心
- [ ] 264 腕
- [ ] 265 手
- [ ] 266 腹
- [ ] 267 腰
- [ ] 268 脚
- [ ] 269 足
- [ ] 270 病気
- [ ] 271 風邪
- [ ] 272 医者
- [ ] 273 薬
- [ ] 274 病院
- [ ] 275 家
- [ ] 276 マンション
- [ ] 277 ～階
- [ ] 278 部屋
- [ ] 279 ドア
- [ ] 280 トイレ
- [ ] 281 机
- [ ] 282 椅子
- [ ] 283 会社
- [ ] 284 ホテル
- [ ] 285 店
- [ ] 286 食堂
- [ ] 287 市場
- [ ] 288 お客さん
- [ ] 289 銀行
- [ ] 290 郵便局
- [ ] 291 道

次の日本語に該当する単語を書いてみましょう。分からなかった単語は、前に戻ってもう一度覚えましょう。

- [ ] 292 本
- [ ] 293 切手
- [ ] 294 手紙
- [ ] 295 紙
- [ ] 296 メール
- [ ] 297 携帯電話
- [ ] 298 時計
- [ ] 299 かばん
- [ ] 300 傘
- [ ] 301 写真
- [ ] 302 新聞
- [ ] 303 服
- [ ] 304 ズボン
- [ ] 305 スカート
- [ ] 306 下着
- [ ] 307 靴下
- [ ] 308 履物
- [ ] 309 革靴
- [ ] 310 あげる
- [ ] 311 送る
- [ ] 312 受け取る
- [ ] 313 持つ
- [ ] 314 置く
- [ ] 315 たてる
- [ ] 316 開ける
- [ ] 317 閉める
- [ ] 318 入れる
- [ ] 319 出す
- [ ] 320 使う
- [ ] 321 (写真を) 撮る
- [ ] 322 出る
- [ ] 323 出ていく
- [ ] 324 出てくる
- [ ] 325 過ぎる
- [ ] 326 かかる
- [ ] 327 泣く
- [ ] 328 笑う
- [ ] 329 好きだ
- [ ] 330 嫌いだ
- [ ] 331 (料理などを) 注文する

5級_4週目 チャレンジ

01 コーヒーに砂糖を入れますか？

02 靴下を履きました。

03 頭が痛いです。

04 病院に行きました。

05 風邪ではありません。

06 薬を飲みました。

07 マンションの5階に住んでいます。

08 名前をハングルで書きます。

09 あの人の心が分かりません。

10 おなかがすいています。

4週目で学んだ単語を使って韓国語の作文をしてみましょう。

11　トイレはどこですか？

12　ドアを閉めました。

13　外国で写真を撮ります。

14　今日はスカートをはきます。

15　新聞は読みますか？

16　メールを送ります。

17　机に本を置きました。

18　ここは食堂が多いです。

19　何のお店ですか？

20　切手を買いたいです。

» 解答は P.283-284

5級_4週目 文法項目

4週目で新たに出てきた文法項目を確認しましょう。右の列の数字は掲載番号です。

» 助詞

~요/~이요	~です、~ですか	281
~한테	~に、~にとって、~のところに	311

» 語尾・表現

~ 때문에	~のために、~が原因で	274
-아/-어/-여 있다	~している	282
-면/-으면	~すれば・ならば、~すると	300
-ㄹ/-을 수 있다(없다)	~できる (できない)	319

5級

5週目

- ☐ 名詞19　　　▸ 114
- ☐ 名詞20　　　▸ 116
- ☐ 名詞21　　　▸ 118
- ☐ 名詞22　　　▸ 120
- ☐ 名詞23　　　▸ 122
- ☐ ハダ用言01　▸ 124
- ☐ ハダ用言02　▸ 126

活用　　　　　▸ 128
チェック1　　 ▸ 130
チェック2　　 ▸ 132
チャレンジ　　▸ 134
文法項目　　　▸ 136

5級_29日目 名詞 19 　　　[TR037]

332	**안경** [アンギョン]	眼鏡　漢 眼鏡
333	**학교** [학꾜 ハクキョ]	学校　漢 学校
334	**고등학교** [고등학꾜 コドゥンハクキョ]	高等学校、高校　漢 高等学校
335	**대학** [テハク]	大学、学部　漢 大学　類 대학교
336	**대학교** [대학꾜 テハクキョ]	大学、総合大学　漢 大学校　類 대학
337	**교실** [キョシル]	教室　漢 教室
338	**도서관** [トソグァン]	図書館　漢 図書館
339	**학생** [학쌩 ハクセン]	学生　漢 学生　対 교사 教師
340	**대학생** [대학쌩 テハクセン]	大学生　漢 大学生
341	**선생님** [ソンセンニム]	先生、～さん　漢 先生-　類 교사　関 교수 教授
342	**교과서** [キョグァソ]	教科書　漢 教科書
343	**노트** [ノトゥ]	ノート　外 note

解説　332 하고は、하다 (する) に -고 が付いた形。　335 다니고 있습니다は、다니다 (通う) に -고 있습니다が付いた形。　338 공부하러は、공부하다 (勉強する) に -러 が付いた形。　340 되고 싶어요는、되다 (なる) に -고 싶어요が付いた形。　342 읽어 봅시다는、읽다 (読む) に -어 보다、-ㅂ시다が付いた形。　343 썼습니다는、으語幹の쓰다 (書く) に ↗

文 세수를 하고 **안경**을 씁니다. 　　　　　　　　[씀니다]	顔を洗って眼鏡を掛けます。
오늘은 **학교**에 일찍 가요. [오느른]　[학꾜에]	今日は学校に早く行きます。
아들은 올해 **고등학교**에 들어갔어요. [아드른]　[오래]　[고등학꾜에]　[드러가써요]	息子は今年、高校に入学しました。
文 **대학**에 다니고 있습니다. [대하게]　　　　　[읻씀니다]	大学に通っています。
서울**대학교**는 어느 쪽으로 갑니까? [서울대학꾜는]　　　[쪼그로]　[감니까]	ソウル大学はどちらに行けばいいですか?
지금 **교실**에 누가 있어요? 　　　[교시레]　　　[이써요]	今、教室に誰がいますか?
文 **도서관**에 공부하러 갑니다. [도서과네]　　　　　　[감니다]	図書館に勉強しに行きます。
이 학교는 **학생**이 많아요. 　[학꾜는]　[학쌩이]　[마나요]	この学校は学生が多いです。
文 빨리 **대학생**이 되고 싶어요. 　　　[대학쌩이]　　　[시퍼요]	早く大学生になりたいです。
선생님은 어디에 사세요? [선생니믄]	先生はどちらに住んでいらっしゃいますか?
文 **교과서** 삼십오 페이지를 읽어 봅시다. 　　　　[삼시보]　　　　　[일거]　[봅씨다]	教科書の35ページを読んでみましょう。
活 **노트**에 단어를 많이 썼습니다. 　　　[다너를]　[마니]　[썯씀니다]	ノートに単語をたくさん書きました。

-**었습니다**が付いた形。

5級_30日目 名詞 20 [TR038]

#	韓	日
344	**볼펜** [ポルペン]	ボールペン 外 ball pen
345	**연필** [ヨンピル]	鉛筆 漢 鉛筆
346	**문제** [ムンジェ]	問題 漢 問題
347	**숙제** [숙쩨 スクチェ]	宿題 漢 宿題
348	**공항** [コンハン]	空港 漢 空港
349	**역** [ヨク]	駅 漢 駅
350	**비행기** [ピヘンギ]	飛行機 漢 飛行機
351	**전철** [チョンチョル]	電車 漢 電鉄 類 지하철
352	**기차** [キチャ]	汽車、列車 漢 汽車
353	**지하철** [チハチョル]	地下鉄、電車 漢 地下鉄 類 전철
354	**차²** [チャ]	車 漢 車 類 자동차
355	**표** [ピョ]	切符、チケット、票 漢 票 類 티켓

解説　346 어려워요は、ㅂ変則の**어렵다**（難しい）に-어요が付いた形。　350 타고は、**타다**（乗る）に-고が付いた形。　353 빨라요は、르変則の**빠르다**（速い）に-아요が付いた形。　354 타고는、**타다**（乗る）に-고が付いた形。　355 타려고는、**타다**（乗る）に-려고が付いた形。

| | DATE 年 月 日 |
| | DATE 年 月 日 |

볼펜을 빌려주세요. / ボールペンを貸してください。
[볼페늘]

오늘은 **연필**로 그리세요. / 今日は鉛筆で描いてください。
[오느른]

活 **문제**가 너무 어려워요. / 問題が難しすぎます。

매일 **숙제**가 많아요. / 毎日宿題が多いです。
[숙쩨가] [마나요]

공항에는 두 시간 전에 갑니다. / 空港には2時間前に行きます。
[저네] [감니다]

역에서 집이 멀어요? / 駅から家が遠いですか？
[여게서] [지비] [머러요]

文 **비행기**를 타고 외국에 가요. / 飛行機に乗って外国に行きます。
[외구게]

전철에 사람이 너무 많았어요. / 電車に人がとても多かったです。
[전처레] [사라미] [마나써요]

기차가 벌써 떠났어요? / 汽車はもう出ましたか？
[떠나써요]

活 **지하철**은 버스보다 빨라요. / 地下鉄はバスより速いです。
[지하처른]

文 **차**를 타고 학교에 갔습니다. / 車に乗って学校に行きました。
[학꾜에] [갇씀니다]

文 전철을 타려고 **표**를 샀어요. / 電車に乗ろうと思って切符を買いました。
[전처를] [사써요]

5週目

5級_31日目 名詞 21 [TR039]

#	韓国語	意味
356	**버스** [ポス]	バス 外 bus
357	**택시** [택씨 テクシ]	タクシー 外 taxi
358	**자리** [チャリ]	席、場所、跡、地位
359	**취미** [チュィミ]	趣味 漢 趣味
360	**소리** [ソリ]	音、声、話 関 목소리 声
361	**음악** [으막 ウマク]	音楽 漢 音楽
362	**시디** [シディ]	CD 外 CD 関 음반 レコード、CD
363	**영화** [ヨンファ]	映画 漢 映画
364	**드라마** [トゥラマ]	ドラマ 外 drama
365	**뉴스** [ニュス]	ニュース 外 news
366	**텔레비전** [テルレビジョン]	テレビ 外 television
367	**비디오** [ピディオ]	ビデオ 外 video

解説　357 바쁠 때は바쁘다 (忙しい) に-ㄹ 때が付いた形。　363 한국 영화は、[한궁 녕화]と発音 (ㄴ挿入、鼻音化)。　364 보는は보다 (見る) の現在連体形。　365 여덟 시は、[여덜 씨]と発音 (여덟の後の濃音化)。

버스를 탑시다. _{탑씨다}	バスに乗りましょう。
文 바쁠 때는 **택시**를 탑니다. _{택씨를　탐니다}	忙しい時はタクシーに乗ります。
식당 안에 **자리**가 없어요. _{식땅　아네　업써요}	食堂の中に席がありません。
취미가 뭐예요? _{뭐에요}	趣味は何ですか？
무슨 **소리**가 났어요. _{나써요}	何か音がしました。
저는 한국 **음악**이 좋아요. _{한구 그마기　조아요}	私は韓国の音楽が好きです。
이 책에는 **시디**가 있어요. _{채게는　이써요}	この本にはCDがあります。
한국 **영화**는 재미있어요. _{한궁 녕화는　재미이써요}	韓国映画は面白いです。
文 **드라마** 보는 것이 취미예요. _{거시　취미에요}	ドラマを見るのが趣味です。
여덟 시 **뉴스** 시간입니다. _{여덜 씨　시가님니다}	8時のニュースの時間です。
하루에 몇 시간 **텔레비전**을 보세요? _{멷 씨간　텔레비저늘}	1日何時間テレビを見ますか？
비디오를 봅니다. _{봄니다}	ビデオを見ます。

5級_32日目 名詞 22 [TR040]

#	単語	意味
368	**컴퓨터** [コムピュト]	コンピューター 外 computer
369	**스포츠** [スポチュ]	スポーツ 外 sports
370	**야구** [ヤグ]	野球 漢 野球
371	**축구** [축꾸 チュクク]	サッカー 漢 蹴球
372	**산** [サン]	山 漢 山
373	**강** [カン]	川 漢 江
374	**바다** [パダ]	海
375	**나무** [ナム]	木
376	**꽃** [꼳 コッ]	花
377	**날씨** [ナルシ]	天気、天候
378	**비** [ピ]	雨
379	**구름** [クルム]	雲

解説　379　〜엔は〜에는の縮約形。**예뻐요**は、으語幹の**예쁘다**（きれいだ）に**-어요**が付いた形。

집에서 **컴퓨터**로 일해요.	家でパソコンで仕事をします。
어떤 **스포츠**를 좋아하세요?	どんなスポーツがお好きですか?
주말에는 **야구**를 봅니다.	週末は野球を見ます。
축구 시합을 보았어요.	サッカーの試合を観戦しました (見ました)。
이번 주말은 **산**에 갑니다.	今週末は山に行きます。
집 앞에 **강**이 있어요.	家の前に川があります。
우리 집에서는 **바다**가 보여요.	私の家からは海が見えます。
이 **나무**요?	この木ですか?
선물로 **꽃**을 샀어요.	プレゼントとして花を買いました。
오늘은 **날씨**가 안 좋아요.	今日は天気が良くないです。
지금 **비**가 안 와요.	今は雨が降っていません。
가을엔 **구름**이 참 예뻐요.	秋は雲がとてもきれいです。

5級_33日目 名詞 23

[TR041]

#	韓	意味
380	**눈**² [ヌン]	雪
381	**불** [プル]	火、明かり
382	**밖** [박 パク]	外 対 안 中 関 겉 表面
383	**안** [アン]	中、内、以内 類 속 対 밖 外
384	**속** [ソク]	中、内、腹 (腹具合)、心中 類 안 対 겉 表面
385	**위** [ウィ]	上 対 아래 下
386	**밑** [믿 ミッ]	下、底、元 対 위 上 関 아래 下
387	**아래** [アレ]	下、下部 対 위 上 関 밑 下、底
388	**앞** [압 アプ]	前 対 뒤 後ろ
389	**옆** [엽 ヨプ]	横、そば、隣
390	**뒤** [トゥィ]	後ろ 対 앞 前

解説　380 **오늘 밤**は、[**오늘 빰**]と発音 (合成語の濃音化)。　382 **내리고 있어요**は、**내리다** (降る) に-**고 있어요**が付いた形。　383 **따뜻합니다**は、[**따뜨탐니다**]と発音 (激音化、鼻音化)。　384 **그건**は**그거는**の縮約形。**드라마 속**は、[**드라마 쏙**]と発音 (合成語の濃音化)。

오늘 밤 **눈**이 옵니다. [오늘 빰] [누니] [옴니다]	今夜、雪が降ります。
방 안에서 **불**이 났어요. [아네서] [부리] [나써요]	部屋の中から火が出ました。
文 **밖**에 눈이 내리고 있어요. [바께] [누니] [이써요]	外は雪が降っています。
집 **안**은 따뜻합니다. [지 바는] [따뜨탐니다]	家の中は暖かいです。
補 그건 드라마 **속** 이야기예요. [드라마 쏙] [이야기에요]	それはドラマの中の話です。
위층에는 동생 친구가 살아요. [사라요]	上の階には弟／妹の友達が住んでいます。
의자 **밑**에 고양이가 있어요. [미테] [이써요]	椅子の下に猫がいます。
나무 **아래**에서 책을 읽습니다. [채글] [익씀니다]	木の下で本を読みます。
집 **앞**에는 우체국이 있습니다. [지 바페는] [우체구기] [읻씀니다]	家の前には郵便局があります。
제 **옆**에 앉아요. [여페] [안자요]	私の横に座ってください。
이 건물 **뒤**에 병원이 있습니다. [병워니] [읻씀니다]	この建物の後ろに病院があります。

5級_34日目 ハダ用言 01　　　[TR042]

391 결혼 [겨론 キョロン]
結婚　漢 結婚
活 하다用言　動 결혼하다 結婚する

392 노래 [ノレ]
歌
活 하다用言　動 노래하다 歌う

393 공부 [コンブ]
勉強　漢 工夫
活 하다用言　動 공부하다 勉強する

394 말 [マル]
言葉
活 하다用言　動 말하다 話す　関 이야기 話

395 부탁 [プタク]
お願い、依頼　漢 付託
活 하다用言　動 부탁하다 お願いする

396 사랑 [サラン]
愛、恋
活 하다用言　動 사랑하다 愛する

397 생각 [センガク]
考え、思い
活 하다用言　動 생각하다 考える

398 선물 [ソンムル]
プレゼント、贈り物　漢 膳物
活 하다用言　動 선물하다 プレゼントする

399 수업 [スオプ]
授業　漢 授業
活 하다用言　動 수업하다 授業する

400 시작 [シジャク]
始め、始まり　漢 始作
活 하다用言　動 시작하다 始める、시작되다 始まる　対 끝 終わ

401 시험 [シホム]
試験、テスト　漢 試験
活 하다用言　動 시험하다 試験する　類 테스트

402 식사 [식싸 シクサ]
食事　漢 食事
活 하다用言　動 식사하다 食事する

解説　393 ~ 때문에は、「~のために、~が原因で」という意味。공부하고 있어요は、공부하다に-고 있어요が付いた形。　394 말하고 싶은 것은、말하다に-고 싶다、-은 것が付いた形。　396 사랑하는は사랑하다の現在連体形。　397 기쁠 때는기쁘다 (うれしい) に-ㄹ 때が付いた形。생각합니다는、[생가캄니다]と発音 (激音化、鼻音化)。　400 시작했

언제 **결혼했습니까**? _{겨로냇씀니까}	いつ結婚しましたか?
그 사람은 **노래**를 잘 부릅니다. _{사라믄 부름니다}	その人は歌を上手に歌います。
文 시험 때문에 **공부하고** 있어요. _{때무네 이써요}	試験のために勉強しています。
文 **말하고** 싶은 것이 많아요. _{마라고 시픈 거시 마나요}	話したいことが多いです。
잘 **부탁드립니다**. _{부탁뜨림니다}	よろしくお願いします。
文 제일 **사랑하는** 사람은 누구입니까? _{사라믄 누구임니까}	一番愛している人は誰ですか?
文 기쁠 때는 부모님을 **생각합니다**. _{부모니믈 생가캄니다}	うれしい時は、両親のことを考えます。
여자 친구한테 **선물**을 주었어요. _{선무를 주어써요}	彼女にプレゼントをあげました。
오늘 **수업**은 참 재미있었어요. _{수어븐 재미이써써요}	今日の授業は本当に面白かったです。
오늘부터 한국어 공부를 **시작했습니다**. _{한구거 시자캣씀니다}	今日から韓国語の勉強を始めました。
活 영어 **시험**이 어려웠어요. _{시허미 어려워써요}	英語の試験が難しかったです。
식사는 언제 하세요? _{식싸는}	食事はいつなさいますか?

습니다は、[**시자캣씀니다**]と発音(激音化、鼻音化)。 401 **어려웠어요**は、ㅂ変則の**어렵다**(難しい)に-**었어요**が付いた形。

5級_35日目 ハダ用言 02　　[TR043]

403 **실례** [실레 シルレ]
失礼　漢 失礼
活 하다用言　動 실례하다 失礼する

404 **여행** [ヨヘン]
旅行　漢 旅行
活 하다用言　動 여행하다 旅行する

405 **요리** [ヨリ]
料理　漢 料理
活 하다用言　動 요리하다 料理する

406 **운동** [ウンドン]
運動　漢 運動
活 하다用言　動 운동하다 運動する

407 **이야기** [イヤギ]
話、物語
活 하다用言　動 이야기하다 話す　縮 얘기　関 말 言葉

408 **전화** [저놔 チョヌァ]
電話　漢 電話
活 하다用言　動 전화하다 電話する

409 **일²** [イル]
仕事、こと、用事、事件
活 하다用言　動 일하다 働く　類 직업

410 **감사** [カムサ]
感謝　漢 感謝
活 하다用言　形 감사하다 ありがたい　関 고맙다 ありがたい

411 **축하** [추카 チュカ]
お祝い　漢 祝賀
活 하다用言　動 축하하다 祝う

解説　403 실례합니다만は、실례하다に-ㅂ니다만が付いた形。서울역은は、[서울려근]と発音（ㄴ挿入、流音化）。어떻게は、[어떠케]と発音（激音化）。　404 한국 여행は、[한궁 녀행]と発音（ㄴ挿入、鼻音化）。　410 도와주셔서는、도와주다（手伝ってくれる）に尊敬の-시-、-어서가 付いた形。　411 축하합니다는、[추카함니다]と発音（激音化、鼻音化）。

| | DATE　　年　　月　　日 |
| | DATE　　年　　月　　日 |

文 실례합니다만 서울역은 어떻게 갑니까?
　　실례함니다만　　서울려근　　어떠케　　감니까

失礼します、ソウル駅はどうやって行きますか？

내일 한국 **여행**을 가요.
　　　　한궁 녀행을

あした、韓国旅行に行きます。

저는 **요리**를 좋아합니다.
　　　　　　　조아함니다

私は料理が好きです。

매일 **운동**을 해요.

毎日運動をしています。

그 선생님의 **이야기**는 재미있어요.
　　선생니메　　　　　　재미이써요

その先生の話は面白いです。

언제 **전화**를 해요?
　　　저놔를

いつ電話をしますか？

주말에도 **일**을 해요.
　주마레도　　이를

週末も仕事をします。

文 도와주셔서 **감사합니다**.
　　　　　　　　감사함니다

手伝ってくださってありがとうございます。

생일 **축하합니다**.
　　　추카함니다

誕生日おめでとうございます。

5級_5週目 活用 基本形−ハムニダ体現在−ヘヨ体現在−ヘヨ体過去−ヘヨ体尊敬現在

34日目 [TR044]

□ 391	**결혼하다** 하用	결혼합니다	결혼해요	결혼했어요	결혼하세요
□ 392	**노래하다** 하用	노래합니다	노래해요	노래했어요	노래하세요
□ 393	**공부하다** 하用	공부합니다	공부해요	공부했어요	공부하세요
□ 394	**말하다** 하用	말합니다	말해요	말했어요	말하세요
□ 395	**부탁하다** 하用	부탁합니다	부탁해요	부탁했어요	부탁하세요
□ 396	**사랑하다** 하用	사랑합니다	사랑해요	사랑했어요	사랑하세요
□ 397	**생각하다** 하用	생각합니다	생각해요	생각했어요	생각하세요
□ 398	**선물하다** 하用	선물합니다	선물해요	선물했어요	선물하세요
□ 399	**수업하다** 하用	수업합니다	수업해요	수업했어요	수업하세요
□ 400	**시작하다** 하用	시작합니다	시작해요	시작했어요	시작하세요
□ 401	**시험하다** 하用	시험합니다	시험해요	시험했어요	시험하세요
□ 402	**식사하다** 하用	식사합니다	식사해요	식사했어요	식사하세요

入門・初級レベルで最もよく使われる活用形を掲載しました。活用が正則でない場合は、基本形の横に変則活用の種類をアイコンで示しました (アイコンの見方はP.006参照)。

35日目 [TR045]

- [ ] 403 **실례하다** 하用 　실례합니다　실례해요　실례했어요　—
- [ ] 404 **여행하다** 하用 　여행합니다　여행해요　여행했어요　여행하세요
- [ ] 405 **요리하다** 하用 　요리합니다　요리해요　요리했어요　요리하세요
- [ ] 406 **운동하다** 하用 　운동합니다　운동해요　운동했어요　운동하세요
- [ ] 407 **이야기하다** 하用 　이야기합니다　이야기해요　이야기했어요　이야기하세요
- [ ] 408 **전화하다** 하用 　전화합니다　전화해요　전화했어요　전화하세요
- [ ] 409 **일하다** 하用 　일합니다　일해요　일했어요　일하세요
- [ ] 410 **감사하다** 하用 　감사합니다　감사해요　감사했어요　감사하세요
- [ ] 411 **축하하다** 하用 　축하합니다　축하해요　축하했어요　축하하세요

5級_5週目 チェック1 韓国語 ▶ 日本語

- ☐ 332 **안경**
- ☐ 333 **학교**
- ☐ 334 **고등학교**
- ☐ 335 **대학**
- ☐ 336 **대학교**
- ☐ 337 **교실**
- ☐ 338 **도서관**
- ☐ 339 **학생**
- ☐ 340 **대학생**
- ☐ 341 **선생님**
- ☐ 342 **교과서**
- ☐ 343 **노트**
- ☐ 344 **볼펜**
- ☐ 345 **연필**
- ☐ 346 **문제**
- ☐ 347 **숙제**
- ☐ 348 **공항**
- ☐ 349 **역**
- ☐ 350 **비행기**
- ☐ 351 **전철**
- ☐ 352 **기차**
- ☐ 353 **지하철**
- ☐ 354 **차²**
- ☐ 355 **표**
- ☐ 356 **버스**
- ☐ 357 **택시**
- ☐ 358 **자리**
- ☐ 359 **취미**
- ☐ 360 **소리**
- ☐ 361 **음악**
- ☐ 362 **시디**
- ☐ 363 **영화**
- ☐ 364 **드라마**
- ☐ 365 **뉴스**
- ☐ 366 **텔레비전**
- ☐ 367 **비디오**
- ☐ 368 **컴퓨터**
- ☐ 369 **스포츠**
- ☐ 370 **야구**
- ☐ 371 **축구**
- ☐ 372 **산**
- ☐ 373 **강**

次の韓国語の訳を書いてみましょう。分からなかった単語は、前に戻ってもう一度覚えましょう。

- [ ] 374 바다
- [ ] 375 나무
- [ ] 376 꽃
- [ ] 377 날씨
- [ ] 378 비
- [ ] 379 구름
- [ ] 380 눈²
- [ ] 381 불
- [ ] 382 밖
- [ ] 383 안
- [ ] 384 속
- [ ] 385 위
- [ ] 386 밑
- [ ] 387 아래
- [ ] 388 앞
- [ ] 389 옆
- [ ] 390 뒤
- [ ] 391 결혼
- [ ] 392 노래
- [ ] 393 공부
- [ ] 394 말

- [ ] 395 부탁
- [ ] 396 사랑
- [ ] 397 생각
- [ ] 398 선물
- [ ] 399 수업
- [ ] 400 시작
- [ ] 401 시험
- [ ] 402 식사
- [ ] 403 실례
- [ ] 404 여행
- [ ] 405 요리
- [ ] 406 운동
- [ ] 407 이야기
- [ ] 408 전화
- [ ] 409 일²
- [ ] 410 감사
- [ ] 411 축하

5級_5週目 チェック2 日本語▶韓国語

- ☐ 332 眼鏡
- ☐ 333 学校
- ☐ 334 高等学校
- ☐ 335 大学
- ☐ 336 大学
- ☐ 337 教室
- ☐ 338 図書館
- ☐ 339 学生
- ☐ 340 大学生
- ☐ 341 先生
- ☐ 342 教科書
- ☐ 343 ノート
- ☐ 344 ボールペン
- ☐ 345 鉛筆
- ☐ 346 問題
- ☐ 347 宿題
- ☐ 348 空港
- ☐ 349 駅
- ☐ 350 飛行機
- ☐ 351 電車
- ☐ 352 汽車
- ☐ 353 地下鉄
- ☐ 354 車
- ☐ 355 切符
- ☐ 356 バス
- ☐ 357 タクシー
- ☐ 358 席
- ☐ 359 趣味
- ☐ 360 音
- ☐ 361 音楽
- ☐ 362 CD
- ☐ 363 映画
- ☐ 364 ドラマ
- ☐ 365 ニュース
- ☐ 366 テレビ
- ☐ 367 ビデオ
- ☐ 368 コンピューター
- ☐ 369 スポーツ
- ☐ 370 野球
- ☐ 371 サッカー
- ☐ 372 山
- ☐ 373 川

次の日本語に該当する単語を書いてみましょう。分からなかった単語は、前に戻ってもう一度覚えましょう。

- [ ] 374 海
- [ ] 375 木
- [ ] 376 花
- [ ] 377 天気
- [ ] 378 雨
- [ ] 379 雲
- [ ] 380 雪
- [ ] 381 火
- [ ] 382 外
- [ ] 383 中
- [ ] 384 中
- [ ] 385 上
- [ ] 386 下
- [ ] 387 下
- [ ] 388 前
- [ ] 389 横
- [ ] 390 後ろ
- [ ] 391 結婚
- [ ] 392 歌
- [ ] 393 勉強
- [ ] 394 言葉
- [ ] 395 お願い
- [ ] 396 愛
- [ ] 397 考え
- [ ] 398 プレゼント
- [ ] 399 授業
- [ ] 400 始め
- [ ] 401 試験
- [ ] 402 食事
- [ ] 403 失礼
- [ ] 404 旅行
- [ ] 405 料理
- [ ] 406 運動
- [ ] 407 話
- [ ] 408 電話
- [ ] 409 仕事
- [ ] 410 感謝
- [ ] 411 お祝い

5級_5週目 チャレンジ

01　4月から大学に通います。

02　眼鏡を掛けました。

03　先生が問題を出しました。

04　飛行機に乗ります。

05　宿題をやって来ました。

06　去年結婚しました。

07　運動は体にいいです。

08　どのドラマが面白いですか?

09　今日は雲が多いです。しかし、雨は降りません。

10　趣味は何ですか?

5週目で学んだ単語を使って韓国語の作文をしてみましょう。

11　花をプレゼントしました。

12　一緒に歌います。

13　外に出ていきました。

14　空港まで行きます。

15　バスに乗りますか？　地下鉄に乗りますか？

16　車で学校に通います。

17　汽車の音が好きです。

18　ニュースを見ましたか？

19　あの人の話は長くてつまらないです。

20　誕生日おめでとうございます。

» 解答は P.284

5級_5週目 文法項目

5週目で新たに出てきた文法項目を確認しましょう。
右の列の数字は掲載番号です。

» 助詞

~에는	~には	370 / 379

» 語尾・表現

-러/-으러	~しに	338
-려고/-으려고	~しようと	355
-ㄹ/-을 때	~するとき・なとき	357 / 397
-ㄴ/-은 것	~なこと	394
-ㅂ니다만/-습니다만	~しますが・ですが	403

4級

「4級」の掲載語彙と例文について

【見出し語】
『合格トウミ』の4級語彙リストに掲載されているものから500語を選びました。

【例文】
4・5級の語彙・文法で構成しました。

※例文中の「発音変化」について

見出し語と例文で、表記と発音に違いがある箇所は、実際の発音を例文の下にハングルで示しました。その発音表示のうち、グレーの帯の中のものは原則4・5級の範囲内のものです。赤色の帯のものは3級以上のものと、4級の範囲内でも口蓋音化と一部の濃音化に該当するもので、ページ下の解説欄で補足説明を行いました。なお、4級の出題範囲に指定されている発音変化は以下のものです。

① 鼻音化1：終声ㄱㄷㅂの後に鼻音ㅁㄴが続くもの

例) 작년 [장년]、옛날 [옌날]、한국말 [한궁말]、잡는 [잠는]

② 鼻音化2：数詞の육に起きるㄴ挿入と鼻音化

例) 십육 [심뉵]

③ 激音化

例) 부탁해요 [부타캐요]、입학 [이팍]、그렇게 [그러케]、많다 [만타]

④ 流音化

例) 연락 [열락]、물냉면 [물랭면]、1년 [일련]

⑤ 口蓋音化

例) 같이 [가치]、붙이다 [부치다]

⑥ 濃音化1：用言の子音語幹と語尾の間で起きる濃音化

例) 신다 [신따]、남지 [남찌]、앉고 [안꼬]

⑦ 濃音化2：連体形の後に続く平音が濃音になるもの

例) 할 것 [할 껃]、갈 사람 [갈 싸람]

⑧ 濃音化3：여덟と열の後に続く平音の濃音化

例) 여덟 개 [여덜 깨]、열 시 [열 씨]

⑨ 濃音化4：漢字語の濃音化（ただし語彙リストにあるもののみ）

例) 결정 [결쩡]、한자 [한짜]

4級

1週目

- [ ] 名詞01 ▸ 140
- [ ] 名詞02 ▸ 142
- [ ] 名詞03 ▸ 144
- [ ] 名詞04 ▸ 146
- [ ] ハダ用言01 ▸ 148
- [ ] 動詞01 ▸ 150
- [ ] 形容詞01 ▸ 152

活用 ▸ 154
チェック1 ▸ 156
チェック2 ▸ 158
チャレンジ ▸ 160
文法項目 ▸ 162

4級_01日目　名詞 01　　[TR046]

412	그²	彼
413	그들	彼ら
414	아무	誰（も）、誰（でも）
415	아무것 [아무걷]	何（も）、何（でも）
416	부모님	両親、ご両親　漢 父母-
417	아버님	お父さま 対 어머님 お母さま　関 아버지 お父さん
418	어머님	お母さま 対 아버님 お父さま　関 어머니 お母さん
419	아빠	パパ、父さん 類 아버지　対 엄마 母さん
420	엄마	ママ、母さん 類 어머니　対 아빠 父さん
421	부부	夫婦　漢 夫婦
422	부인	夫人　漢 夫人 類 아내
423	아가씨	お嬢さん

解説　413 같이は、[가치]と発音（口蓋音化）。가려고요?は、가다（行く）に-려고요?が付いた形。　414 가니까は、가다（行く）に-니까が付いた形。　415 어두워서는、ㅂ変則の어둡다（暗い）に-어서が付いた形。　416 계신は계시다（いらっしゃる）の現在連体形。　417 보내려고 해요는、보내다（送る）に-려고 해요が付いた形。　418 좋아하는は좋아하다

그가 먼저 말을 걸어 줬어요. 마를 거러 줘써요	彼が先に話し掛けてくれました。
文 그들과 같이 여행을 가려고요? 가치	彼らと一緒に旅行に行くつもりですか?
文 집에 가니까 **아무**도 없었어요. 지베 업써써요	家に帰ったら誰もいませんでした。
文 活 어두워서 **아무것**도 보이지 않아요. 아무걷또 아나요	暗くて何も見えません。
文 고향에 계신 **부모님** 모두 건강하세요? 계신	田舎にいらっしゃるご両親はお元気でしょうか?
文 이 선물을 **아버님**께 보내려고 해요. 선무를	このプレゼントをお父さまに送ろうと思っています。
文 **어머님**이 좋아하는 과일을 사 드렸어요. 어머니미 조아하는 과이를 드려써요	お母さまが好きな果物を買って差し上げました。
아빠가 선물을 줬어요. 선무를 줘써요	パパがプレゼントをくれました。
엄마, 배고파요.	ママ、おなかすきました。
저 **부부**는 사이가 좋아요. 조아요	あの夫婦は仲がいいです。
文 **부인**이 예쁘시네요. 부이니	奥さん、おきれいですね。
文 이제 결혼했으니까 **아가씨**가 아니에요. 겨로내쓰니까	もう結婚したのでお嬢さんではありません。

(好きだ) の現在連体形。**사 드렸어요**は、**사다** (買う) に-**아 드렸어요**が付いた形。 422 **예쁘시네요**は、**예쁘다** (きれいだ) に尊敬の-**시**-、-**네요**が付いた形。 423 **결혼했으니까**は、**결혼하다** (結婚する) に-**었으니까**が付いた形。

4級_02日目　名詞 02　　[TR047]

424	**아줌마**	おばさん 類 아주머니　対 아저씨 おじさん
425	**어른**	大人、目上の人 対 아이 子ども
426	**어린이** [어리니]	子ども、児童 類 아이　対 어른 大人
427	**형제**	兄弟　漢 兄弟
428	**남성**	男性　漢 男性 類 남자　対 여성 女性
429	**여성**	女性　漢 女性 類 여자　対 남성 男性
430	**성함**	お名前　漢 姓銜 関 이름 名前
431	**연세**	お年　漢 年歳 関 나이 年、年齢
432	**여러분**	皆さん
433	**외국인** [외구긴]	外国人　漢 外国人
434	**이쪽**	こちら
435	**그쪽**	そちら

解説　424 되는は되다 (なる) の現在連体形。　425 ~이네요は、~이다 (~である) に-네요が付いた形。　428 마시는は마시다 (飲む) の現在連体形。　429 어떤 여성は、[어떤 녀성] と発音 (ㄴ挿入)。　431 ~이/~가 어떻게 되십니까?/되세요?は、「~は何ですか?」「~は幾つですか?」などを丁寧に尋ねるときの表現。　432 들어 주세요は、ㄷ変則の듣다 ↗

文 결혼하면 다 **아줌마**가 되는 거예요? _{겨로나면} _{거에요}	結婚したら、みんなおばさんになるんですか？
文 스무 살이면 이제 **어른**이네요. _{사리면} _{어르니네요}	20歳になったらもう大人ですね。
어린이들이 공원에서 놀고 있어요. _{어리니드리} _{공워네서} _{이써요}	子どもたちが公園で遊んでいます。
형제가 몇 분이세요? _{멷 뿌니세요}	兄弟は何人ですか？
文 술을 못 마시는 **남성**도 많아요. _{수를} _{몬 마시는} _{마나요}	お酒が飲めない男性も多いです。
어떤 **여성**이 좋아요? _{어떤 녀성이} _{조아요}	どんな女性が好きですか？
성함이라도 알려 주세요. _{성하미라도}	お名前でも教えてください。
補 **연세**가 어떻게 되세요? _{어떠케}	お年はお幾つでしょうか？
文 **여러분**, 제 말 좀 들어 주세요. 活 _{드러}	皆さん、私の言うことを聞いてください。
活 **외국인**에게 한자는 너무 어려워요. _{외구기네게} _{한짜는}	外国人にとって漢字はあまりにも難しいです。
補 거긴 사람이 많으니까 **이쪽**으로 오세요. 文 _{사라미} _{마느니까} _{이쪼그로}	そちらは人が多いからこちらに来てください。
그쪽으로 가셔도 아무것도 없어요. _{그쪼그로} _{아무걷또} _{업써요}	そちらに行かれても何もありません。

(聞く) に-어 주세요가 付いた形。　433 **어려워요**는、ㅂ変則の**어렵다** (難しい) に-어요가 付いた形。**한자**は、[한짜]と発音 (漢字語の濃音化)。　434 **거긴**은 **거기는**의 縮約形。**많으니까**는、**많다** (多い) に-으니까가 付いた形。

4級_03日目 名詞 03 [TR048]

436	저쪽	あちら
437	오른쪽	右、右側 対 왼쪽 左
438	왼쪽	左、左側 対 오른쪽 右
439	맞은편 [마즌편]	向かい側、相手側　漢 --便
440	동쪽	東、東の方、東側　漢 東- 対 서쪽 西
441	서쪽	西、西の方、西側　漢 西- 対 동쪽 東
442	남쪽	南、南の方、南側　漢 南- 対 북쪽 北
443	북쪽	北、北の方、北側　漢 北- 対 남쪽 南
444	남북	南北　漢 南北
445	방향	方向　漢 方向
446	지도¹	地図　漢 地図
447	해외	海外、外国　漢 海外 関 외국 外国

解説　436 달려오고 있네요は、달려오다 (走ってくる) に -고 있다、-네요が付いた形。　440 보일 거예요は、보이다 (見える) に -ㄹ 거예요が付いた形。　441 가면 돼요は、가다 (行く) に -면 돼요が付いた形。　442 있는は있다 (ある) の現在連体形。　445 가면 돼요?は、가다 (行く) に -면 돼요?が付いた形。　446 필요하거든요は、필요하다 (必要だ) に -거든 ↗

図 **저쪽**에서 동생이 달려오고 있네요.	あちらから弟／妹が走ってきていますね。
그 길에서 **오른쪽**으로 가세요.	その道で右に行ってください。
왼쪽 손을 잘 안 써요.	左手をあまり使いません。
학교 친구가 **맞은편**에 살고 있어요.	学校の友達が向かい側に住んでいます。
図 **동쪽**으로 가면 바다가 보일 거예요.	東に行くと海が見えるはずです。
図 **서쪽**으로 10킬로미터 가면 돼요.	西へ10キロメートル行けばいいです。
図 거기 **남쪽**에 있는 섬 이름이 뭐였죠?	そこの南にある島の名前は何だったでしょうか？
종로는 명동보다 **북쪽**에 있어요.	鍾路は明洞より北にあります。
이 길은 **남북**으로 길어요.	この道は南北に長いです。
図 어느 **방향**으로 가면 돼요?	どの方向に行けばいいですか？
図 제가 **지도**가 꼭 필요하거든요.	私、地図が絶対必要なんですよ。
해외에서는 그 사람을 어떻게 생각해요?	海外ではその人のことをどう考えていますか？

요가 付いた形で、[피료하거든뇨]と発音（ㄴ挿入）。

4級_04日目 名詞 04 [TR049]

448	미국	アメリカ 漢美国
449	영국	イギリス 漢英国
450	수도	首都 漢首都 類 서울
451	도시	都市 漢都市 関 시 市
452	도	道 (韓国の行政区域)、道庁 漢道
453	시	市 漢市 関 도시 都市
454	시청	市役所、市庁 漢市庁
455	동	洞 (市や区の行政区画の一つ) 漢洞
456	지방	地方 漢地方
457	고향	故郷、ふるさと 漢故郷
458	출신 [출씬]	出身 漢出身
459	주소	住所、居所 漢住所

解説　448 **가려고 해요**は、**가다** (行く) に**-려고 해요**が付いた形。　449 **온다고 해요**は、**오다** (降る) に**-ㄴ다고 해요**が付いた形。　451 **달라요**は、르変則の**다르다** (違う) に**-아요**が付いた形。　453 **아름다운**はㅂ変則の**아름답다** (美しい) の現在連体形。　456 〜 **때문에**は、「〜のために、〜が原因で」という意味。

📖 영어 공부하러 **미국**에 가려고 해요. _{미구게}	英語を勉強しにアメリカに行こうと思っています。
📖 **영국**은 비가 많이 온다고 해요. _{영구근　　　　　마니}	イギリスは雨がたくさん降るそうです。
미국의 **수도**는 어디일까요? _{미구게}	アメリカの首都はどこでしょうか？
🗣 여기 사람들은 **도시**와 많이 달라요. _{사람드른　　　　　마니}	ここにいる人たちは都市とだいぶ違います。
제 남편은 경상**도** 출신이에요. _{남펴는　　　　출씨니에요}	私の夫は慶尚道出身です。
📖🗣 춘천**시**는 아름다운 도시예요. _{도시에요}	春川市は美しい都市です。
잘 모르면 **시청**에 가 보세요.	よく分からなければ市役所に行ってみてください。
저는 압구정**동**에 살아요. _{압꾸정동에　　사라요}	私は狎鴎亭洞に住んでいます。
📖 일 때문에 **지방**에 갔어요? _{때무네　　　　가써요}	仕事で地方に行ったんですか？
오랜만에 **고향**에 다녀왔어요. _{오랜마네　　　　다녀와써요}	久しぶりに故郷に行ってきました。
한국의 어디 **출신**이세요? _{한구게　　　　출씨니세요}	韓国のどこ出身でしょうか？
여기에 **주소**를 써 주세요.	ここに住所を書いてください。

4級_05日目 ハダ用言 01 [TR050]

460 걱정
[걱쩡]
心配
活 하다用言 動 걱정하다 心配する

461 건강
健康 漢 健康
活 하다用言 形 건강하다 健康だ

462 건배
乾杯 漢 乾杯
活 하다用言 動 건배하다 乾杯する

463 결정
[결쩡]
決定 漢 決定
活 하다用言 動 결정하다 決める、결정되다 決まる

464 계산
[게산]
計算、会計 漢 計算
活 하다用言 動 계산하다 計算する

465 계속
[게속]
ずっと、引き続き、続いて 漢 継続
活 하다用言 動 계속하다 続ける、계속되다 続く

466 계획
[게획]
計画 漢 計画
活 하다用言 動 계획하다 計画する

467 기억
記憶 漢 記憶
活 하다用言 動 기억하다 覚えている 関 잊다 忘れる

468 노력
努力 漢 努力
活 하다用言 動 노력하다 努力する

469 답
答え 漢 答
活 하다用言 動 답하다 答える 類 대답 対 질문 質問

470 대답
答え、返事 漢 対答
活 하다用言 動 대답하다 答える 類 답 対 질문 質問

471 도착
到着 漢 到着
活 하다用言 動 도착하다 到着する 対 출발 出発

解説　462 축하하는は축하하다 (祝う) の現在連体形。　463 없으니까는、없다 (ない) に -으니까が付いた形。결정해야 돼요は、결정하다に -어야 돼요が付いた形。　465 한은하다 (する) の過去連体形。한 이야기は、[한 니야기]と発音 (ㄴ挿入)。계속해 주십시오は、계속하다に -어 주십시오が付いた形。　466 갈은가다 (行く) の未来連体形。세우는 중이 ↗

공부를 많이 해서 시험 **걱정**이 없어요. _{마니} _{걱쩡이} _{업써요}	勉強をたくさんしたので、試験の心配がありません。
건강이 제일 중요해요.	健康が一番大事です。
文 결혼을 축하하는 의미로 **건배할까요**? _{겨로늘} _{추카하는}	結婚をお祝いする意味で乾杯しましょうか?
文 시간이 없으니까 빨리 **결정해야** 돼요. _{시가니} _{업쓰니까} _{결쩡해야}	時間がないので早く決めなければなりません。
돈 **계산**은 아내가 해요. _{게사는}	お金の計算は妻がしています。
文 아까 한 이야기 **계속해** 주십시오. _{한 니야기} _{게소캐} _{주십씨오}	さっきした話を続けてください。
文 해외여행 갈 **계획**을 세우는 중이에요. _{게훼글}	海外旅行に行く計画を立てているところです。
文 어제 배운 것도 **기억**이 나지 않아요. _{걷또} _{기어기} _{나지} _{아나요}	昨日習ったことも思い出せません。
文 **노력해도** 안 되는 일도 있어요. _{노려캐도} _{되는 닐도} _{이써요}	努力してもできないこともあります。
친구는 내 질문에 **답하지** 않았어요. _{질무네} _{다파지} _{아나써요}	友達は私の質問に答えませんでした。
文 내가 하는 질문에 **대답하세요**. _{질무네} _{대다파세요}	私がする質問に答えてください。
교실에 제일 먼저 **도착했어요**. _{교시레} _{도차캐써요}	教室に一番先に着きました。

에요는、세우다 (立てる) に -**는 중이에요**가 付いた形。 467 **배운**은 배우다 (習う) の過去連体形。 468 **되는**은 되다 (できる) の現在連体形。 **되는 일**은、[되는 닐]と発音 (ㄴ挿入)。 470 **하는**은 하다 (する) の現在連体形。

4級_06日目　動詞 01　　　[TR051]

472	걷다 [걷따]	歩く 活 ㄷ変則　関 달리다 走る
473	달리다	走る 類 뛰다　関 걷다 歩く
474	뛰다	走る、跳ねる、弾む 類 달리다　関 걷다 歩く
475	떠나다	出発する、離れる、立ち去る 類 출발하다
476	찾아가다 [차자가다]	訪ねていく、受け取っていく、(お金を) 下ろしていく 対 찾아오다 訪ねてくる
477	찾아오다 [차자오다]	訪ねてくる、取り返してくる、(お金を) 下ろしてくる 対 찾아가다 訪ねていく
478	다녀오다	行ってくる、立ち寄って来る
479	돌아가다 [도라가다]	帰る、回る、戻る 対 돌아오다 戻ってくる
480	돌아오다 [도라오다]	戻ってくる、帰ってくる 対 돌아가다 帰る、戻る
481	나타나다	現れる、表れる 関 나타내다 表す、現す
482	들다¹	入る、(お金が) かかる 活 ㄹ語幹　類 들어가다　対 나다 出る
483	들어가다 [드러가다]	入っていく、(お金が) かかる 類 들다　対 나오다 出てくる

解説　472 걸어서는、ㄷ変則の걷다に-어서が付いた形。　473 전철역は、[전철력]と発音 (ㄴ挿入、流音化)。　475 떠나는は떠나다の現在連体形。타려고 해요は、타다 (乗る) に-려고 해요が付いた形。　479 돌아가려고 해요は、돌아가다に-려고 해요が付いた形。　480 간は가다 (行く) の過去連体形。돌아오고 싶어 해요は、돌아오다に-고 싶다、-어 해요が ↗

文活	너무 많이 **걸어서** 다리가 아파요. 　　　마니　　거러서	あまりにも歩きすぎて足が痛いです。
	늦어서 전철역까지 **달려서** 갔어요. 느저서　전철력까지　　　　　가써요	遅れたので駅まで走って行きました。
	비가 와서 집까지 **뛰었어요**. 　　　　　　　　뛰어써요	雨が降ったので家まで走りました。
文	한 시에 **떠나는** 기차를 타려고 해요.	1時に出発する汽車に乗ろうと思っています。
	오랜만에 선생님 댁을 **찾아갔어요**. 오랜마네　　　　대글　차자가써요	久しぶりに先生のお宅を訪ねていきました。
	질문 있으면 저를 **찾아오세요**. 　　이쓰면　　　차자오세요	質問があれば私のところに来てください。
	부모님 뵈러 고향에 **다녀올게요**. 　　　　　　　　다녀올께요	両親に会いに田舎に行ってきます。
文	비가 와서 일찍 집에 **돌아가려고** 해요. 　　　　　　지베　도라가려고	雨が降っているので、早く家に帰ろうと思っています。
文	유학 간 친구가 **돌아오고** 싶어 해요. 　　　　　　　도라오고　시퍼	留学に行った友達が帰りたがっています。
文	연락이 안 되던 친구가 갑자기 **나타났어요**. 열라기　　　　　　갑짜기　나타나써요	連絡がつかなかった友達が突然現れました。
文	이사 갈 때 돈이 많이 **들었어요**. 　　　　도니　마니　드러써요	引っ越しする時、お金がたくさんかかりました。
文	방에 **들어가니까** 정말 따뜻했어요. 　　드러가니까　　　따뜨태써요	部屋に入ったら本当に暖かったです。

付いた形。　481 **되던**は**되다**（できる）の過去連体形。　482 **갈**は**가다**（行く）の未来連体形。
483 **들어가니까**は、**들어가다**に**-니까**が付いた形。

4級_07日目 形容詞 01 [TR052]

484 멋있다 [머싣따]
すてきだ、かっこいい

485 아름답다 [아름답따]
美しい
活 ㅂ変則　類 예쁘다

486 예쁘다
きれいだ、かわいい、美しい
活 으語幹　類 아름답다

487 젊다 [점따]
若い
対 늙다 年老いる　関 어리다 幼い

488 어리다
幼い、幼稚だ
関 젊다 若い

489 옳다 [올타]
正しい、もっともだ

490 다르다
違う
活 르変則　副 달리 違って　対 같다 同じだ

491 비슷하다 [비스타다]
似ている
活 하다用言　対 다르다 違う

492 기쁘다
うれしい
活 으語幹　対 슬프다 悲しい

493 슬프다
悲しい
活 으語幹　対 기쁘다 うれしい

解説　484 하는は하다 (する) の現在連体形。　485 결혼할は결혼하다 (結婚する) の未来連体形。아름다워요は、ㅂ変則の아름답다に-어요が付いた形。　486 이게は이것이の口語形。예쁘니까は、예쁘다に-니까が付いた形。이걸로は이것으로の口語形。　487 젊었을は젊다に過去の-었-、未来連体形の-을が付いた形。　488 〜이지만は、〜이다 (〜である)

文	끝까지 열심히 하는 것이 제일 **멋있어요**. 끝까지　열씨미　　　거시　　　　　머시써요	最後まで一生懸命するのが一番すてきです。
文活	여자는 결혼할 때가 가장 **아름다워요**. 　　　　　겨로날	女の人は結婚する時が一番美しいです。
補文	이게 더 **예쁘니까** 이걸로 사고 싶어요. 　　　　　　　　　　　　　　시퍼요	こっちの方がもっときれいだから、こっちを買いたいです。
文	**젊었을** 때 열심히 일했어요. 절머쓸　　　열씨미　이래써요	若かった時、一生懸命働きました。
文	서른 살이지만 너무 **어려** 보여요. 　　　사리지만	30歳なのにすごく幼く見えます。
文	부모님이 하는 말씀은 언제나 **옳아요**. 부모니미　　　　말쓰믄　　　　　오라요	両親がおっしゃることはいつも正しいです。
文	머리 모양을 바꾸니까 **다른** 사람처럼 보여요.	髪形を変えたら別人のようです。
文	친구와 **비슷한** 데가 많아요. 　　　비스탄　　　마나요	友達と似ているところが多いです。
	딸이 결혼해서 너무 **기뻐요**. 따리　겨로내서	娘が結婚してとてもうれしいです。
	영화가 너무 **슬퍼서** 울었어요. 　　　　　　　우러써요	映画があまりにも悲しくて泣きました。

에 **-지만**이 付いた形。**어려 보여요**는、**어리다**に**-어 보여요**が付いた形。 489 **하는**は**하다**（言う）の現在連体形。 490 **바꾸니까**は、**바꾸다**（変える）に**-니까**が付いた形。**다른**は**다르다**の現在連体形。 491 **비슷한**は**비슷하다**の現在連体形。

4級_1週目 活用 基本形−ハムニダ体現在−ヘヨ体現在−ヘヨ体過去−ヘヨ体尊敬現在

05日目 [TR053]

□ 460	**걱정하다** 하用	걱정합니다	걱정해요	걱정했어요	걱정하세요
□ 461	**건강하다** 하用	건강합니다	건강해요	건강했어요	건강하세요
□ 462	**건배하다** 하用	건배합니다	건배해요	건배했어요	건배하세요
□ 463	**결정하다** 하用	결정합니다	결정해요	결정했어요	결정하세요
□ 464	**계산하다** 하用	계산합니다	계산해요	계산했어요	계산하세요
□ 465	**계속하다** 하用	계속합니다	계속해요	계속했어요	계속하세요
□ 466	**계획하다** 하用	계획합니다	계획해요	계획했어요	계획하세요
□ 467	**기억하다** 하用	기억합니다	기억해요	기억했어요	기억하세요
□ 468	**노력하다** 하用	노력합니다	노력해요	노력했어요	노력하세요
□ 469	**답하다** 하用	답합니다	답해요	답했어요	답하세요
□ 470	**대답하다** 하用	대답합니다	대답해요	대답했어요	대답하세요
□ 471	**도착하다** 하用	도착합니다	도착해요	도착했어요	도착하세요

06日目 [TR054]

□ 472	**걷다** ㄷ変	걷습니다	걸어요	걸었어요	걸으세요
□ 473	**달리다**	달립니다	달려요	달렸어요	달리세요
□ 474	**뛰다**	뜁니다	뛰어요	뛰었어요	뛰세요
□ 475	**떠나다**	떠납니다	떠나요	떠났어요	떠나세요
□ 476	**찾아가다**	찾아갑니다	찾아가요	찾아갔어요	찾아가세요
□ 477	**찾아오다**	찾아옵니다	찾아와요	찾아왔어요	찾아오세요

入門・初級レベルで最もよく使われる活用形を掲載しました。活用が正則でない場合は、基本形の横に変則活用の種類をアイコンで示しました（アイコンの見方はP.006参照）。

□ 478	**다녀오다**	다녀옵니다	다녀와요	다녀왔어요	다녀오세요
□ 479	**돌아가다**	돌아갑니다	돌아가요	돌아갔어요	돌아가세요
□ 480	**돌아오다**	돌아옵니다	돌아와요	돌아왔어요	돌아오세요
□ 481	**나타나다**	나타납니다	나타나요	나타났어요	나타나세요
□ 482	**들다**[1] ㄹ語幹	듭니다	들어요	들었어요	드세요
□ 483	**들어가다**	들어갑니다	들어가요	들어갔어요	들어가세요

07日目 [TR055]

□ 484	**멋있다**	멋있습니다	멋있어요	멋있었어요	멋있으세요
□ 485	**아름답다** ㅂ変	아름답습니다	아름다워요	아름다웠어요	아름다우세요
□ 486	**예쁘다** 으語幹	예쁩니다	예뻐요	예뻤어요	예쁘세요
□ 487	**젊다**	젊습니다	젊어요	젊었어요	젊으세요
□ 488	**어리다**	어립니다	어려요	어렸어요	어리세요
□ 489	**옳다**	옳습니다	옳아요	옳았어요	옳으세요
□ 490	**다르다** 르変	다릅니다	달라요	달랐어요	다르세요
□ 491	**비슷하다** 하用	비슷합니다	비슷해요	비슷했어요	비슷하세요
□ 492	**기쁘다** 으語幹	기쁩니다	기뻐요	기뻤어요	기쁘세요
□ 493	**슬프다** 으語幹	슬픕니다	슬퍼요	슬펐어요	슬프세요

4級_1週目 チェック1 韓国語 ▶ 日本語

- [ ] 412 그²
- [ ] 413 그들
- [ ] 414 아무
- [ ] 415 아무것
- [ ] 416 부모님
- [ ] 417 아버님
- [ ] 418 어머님
- [ ] 419 아빠
- [ ] 420 엄마
- [ ] 421 부부
- [ ] 422 부인
- [ ] 423 아가씨
- [ ] 424 아줌마
- [ ] 425 어른
- [ ] 426 어린이
- [ ] 427 형제
- [ ] 428 남성
- [ ] 429 여성
- [ ] 430 성함
- [ ] 431 연세
- [ ] 432 여러분
- [ ] 433 외국인
- [ ] 434 이쪽
- [ ] 435 그쪽
- [ ] 436 저쪽
- [ ] 437 오른쪽
- [ ] 438 왼쪽
- [ ] 439 맞은편
- [ ] 440 동쪽
- [ ] 441 서쪽
- [ ] 442 남쪽
- [ ] 443 북쪽
- [ ] 444 남북
- [ ] 445 방향
- [ ] 446 지도¹
- [ ] 447 해외
- [ ] 448 미국
- [ ] 449 영국
- [ ] 450 수도
- [ ] 451 도시
- [ ] 452 도
- [ ] 453 시

次の韓国語の訳を書いてみましょう。分からなかった単語は、前に戻ってもう一度覚えましょう。

- 454 **시청**
- 455 **동**
- 456 **지방**
- 457 **고향**
- 458 **출신**
- 459 **주소**
- 460 **걱정**
- 461 **건강**
- 462 **건배**
- 463 **결정**
- 464 **계산**
- 465 **계속**
- 466 **계획**
- 467 **기억**
- 468 **노력**
- 469 **답**
- 470 **대답**
- 471 **도착**
- 472 **걷다**
- 473 **달리다**
- 474 **뛰다**
- 475 **떠나다**
- 476 **찾아가다**
- 477 **찾아오다**
- 478 **다녀오다**
- 479 **돌아가다**
- 480 **돌아오다**
- 481 **나타나다**
- 482 **들다**[1]
- 483 **들어가다**
- 484 **멋있다**
- 485 **아름답다**
- 486 **예쁘다**
- 487 **젊다**
- 488 **어리다**
- 489 **옳다**
- 490 **다르다**
- 491 **비슷하다**
- 492 **기쁘다**
- 493 **슬프다**

4級_1週目 チェック2 日本語 ▶ 韓国語

- [ ] 412　彼
- [ ] 413　彼ら
- [ ] 414　誰 (も)
- [ ] 415　何 (も)
- [ ] 416　両親
- [ ] 417　お父さま
- [ ] 418　お母さま
- [ ] 419　パパ
- [ ] 420　ママ
- [ ] 421　夫婦
- [ ] 422　夫人
- [ ] 423　お嬢さん
- [ ] 424　おばさん
- [ ] 425　大人
- [ ] 426　子ども
- [ ] 427　兄弟
- [ ] 428　男性
- [ ] 429　女性
- [ ] 430　お名前
- [ ] 431　お年
- [ ] 432　皆さん
- [ ] 433　外国人
- [ ] 434　こちら
- [ ] 435　そちら
- [ ] 436　あちら
- [ ] 437　右
- [ ] 438　左
- [ ] 439　向かい側
- [ ] 440　東
- [ ] 441　西
- [ ] 442　南
- [ ] 443　北
- [ ] 444　南北
- [ ] 445　方向
- [ ] 446　地図
- [ ] 447　海外
- [ ] 448　アメリカ
- [ ] 449　イギリス
- [ ] 450　首都
- [ ] 451　都市
- [ ] 452　道（どう）
- [ ] 453　市

次の日本語に該当する単語を書いてみましょう。分からなかった単語は、前に戻ってもう一度覚えましょう。

- ☐ 454 市役所 _____
- ☐ 455 洞 _____
- ☐ 456 地方 _____
- ☐ 457 故郷 _____
- ☐ 458 出身 _____
- ☐ 459 住所 _____
- ☐ 460 心配 _____
- ☐ 461 健康 _____
- ☐ 462 乾杯 _____
- ☐ 463 決定 _____
- ☐ 464 計算 _____
- ☐ 465 ずっと _____
- ☐ 466 計画 _____
- ☐ 467 記憶 _____
- ☐ 468 努力 _____
- ☐ 469 答え _____
- ☐ 470 答え _____
- ☐ 471 到着 _____
- ☐ 472 歩く _____
- ☐ 473 走る _____
- ☐ 474 走る _____
- ☐ 475 出発する _____
- ☐ 476 訪ねていく _____
- ☐ 477 訪ねてくる _____
- ☐ 478 行ってくる _____
- ☐ 479 帰る _____
- ☐ 480 戻ってくる _____
- ☐ 481 現れる _____
- ☐ 482 入る _____
- ☐ 483 入っていく _____
- ☐ 484 すてきだ _____
- ☐ 485 美しい _____
- ☐ 486 きれいだ _____
- ☐ 487 若い _____
- ☐ 488 幼い _____
- ☐ 489 正しい _____
- ☐ 490 違う _____
- ☐ 491 似ている _____
- ☐ 492 うれしい _____
- ☐ 493 悲しい _____

4級_1週目 チャレンジ

01　地図ありますか？

02　アメリカから来た学生です。

03　兄弟はいません。

04　ずっと努力してきました。

05　日本に帰りたいです。

06　若い人が多いですね。

07　美しい都市が好きです。

08　歩いて行きましょう。

09　イギリス英語を勉強したいです。

10　一緒に乾杯しましょう。

1週目で学んだ単語を使って韓国語の作文をしてみましょう。

11　多くの国の首都を知っています。

12　故郷はどちらですか？

13　両親が海外にいらっしゃいます。

14　早く決定してください。

15　手がきれいですね。

16　市役所の前で会いましょう。

17　心配しないでください。

18　図書館はあちらにあります。

19　皆さんに感謝します。

20　今朝、日本を出発しました。

» 解答は P.284

4級_1週目 文法項目

1週目で新たに出てきた文法項目を確認しましょう。右の列の数字は掲載番号です。

» 助詞

~라도/~이라도	~でも	430
~처럼	~のように	490

» 語尾・表現

-려고요/-으려고요	~するつもりです、~するつもりですか	413
-니까/-으니까	~するから・だから、~するので・なので、~したら	414 / 423 / 434 / 463 / 483 / 486 / 490
-려고/-으려고 하다	~しようと思う	417 / 448 / 475 / 479
-아/-어/-여 드리다	~して差し上げる	418
-네요	~しますねえ・ですねえ	422 / 425 / 436
-ㄹ/-을 것이다	~するはずだ・なはずだ、~すると思う・だと思う	440
-면/-으면 되다	~すればいい・ならいい	441 / 445
-거든요	~するものですから・なものですから	446
-ㄴ다고/-는다고 하다	~するそうだ、~するらしい	449
-아야/-어야/-여야 되다	~しなければならない・でなければならない	463
-는 중이다	~しているところだ	466
-고 싶어 하다	~したがる	480
-았을/-었을/-였을 때	~したとき・だったとき	487
-지만	~するが・だが	488
-아/-어/-여 보이다	~く見える・に見える	490

4級

2週目

- [ ] 名詞05 ▶ 164
- [ ] 名詞06 ▶ 166
- [ ] 名詞07 ▶ 168
- [ ] 名詞08 ▶ 170
- [ ] ハダ用言02 ▶ 172
- [ ] 動詞02 ▶ 174
- [ ] 形容詞02 ▶ 176

活用 ▶ 178
チェック1 ▶ 180
チェック2 ▶ 182
チャレンジ ▶ 184
文法項目 ▶ 186

4級_08日目 名詞 05 [TR056]

494	**댁**	お宅、お宅 (あなた)、〜の奥さん 漢宅 関 집 家
495	**건물**	建物、ビル 漢建物
496	**입구** [입꾸]	入り口 漢入口 対 출구 出口
497	**출구**	出口 漢出口 対 입구 入り口
498	**계단** [게단]	階段 漢階段
499	**엘리베이터**	エレベーター 外 elevator
500	**벽**	壁 漢壁
501	**창문**	窓 漢窓門
502	**근처**	近所 漢近処
503	**거리**	街、通り、道
504	**큰길**	大通り、表通り
505	**신호등** [시노등]	信号 漢信号灯

解説　495 **멋있네요**は、**멋있다** (すてきだ) に**-네요**が付いた形。　500 **걸린**は**걸리다** (掛かる) の過去連体形。　501 **더우니까**は、ㅂ変則の**덥다** (暑い) に**-으니까**が付いた形。**열어 주면 안 돼요?**は、**열다** (開ける) に**-어 주다**、**-면 안 돼요?**が付いた形。　502 **~엔**は**〜에는**の縮約形。**맛있는**は**맛있다** (おいしい) の現在連体形。　503 **걸었어요**は、ㄷ変則の**걷다**

선생님은 지금 **댁**에 계세요? [선생니믄] [대게] [게세요]	先生は今、お宅にいらっしゃいますか?
文 여기는 **건물**이 참 멋있네요. [건무리] [머신네요]	ここは建物がとてもすてきですね。
내일 극장 **입구**에서 만나요. [극짱] [입꾸에서]	あした、映画館の入り口で会いましょう。
삼 번 **출구**에서 만날까요?	3番出口で会いましょうか?
계단이 너무 많아서 힘들어요. [게다니] [마나서] [힘드러요]	階段が多すぎて大変です。
저쪽 **엘리베이터**로 올라가세요.	あちらのエレベーターでお上がりください。
文 **벽**에 걸린 그림이 마음에 들어요. [벼게] [그리미] [마으메] [드러요]	壁に掛かった絵が気に入っています。
文活 더우니까 **창문** 좀 열어 주면 안 돼요? [여러]	暑いので窓を開けてもらえませんか?
補文 이 **근처**엔 싸고 맛있는 식당이 많아요. [마신는] [식땅이] [마나요]	この近所には安くておいしいレストランが多いです。
活 밥을 먹고 **거리**를 걸었어요. [바블] [먹꼬] [거러써요]	ご飯を食べてから街を歩きました。
밤에는 **큰길**로 집에 가세요. [바메는] [지베]	夜は大通りから家に帰ってください。
저 **신호등** 앞에서 내려 주세요. [시노등] [아페서]	あの信号の前で降ろしてください。

(歩く)に-**었어요**が付いた形。

4級_09日目 名詞06 [TR057]

506	**다리²**	橋
507	**공원**	公園　漢 公園
508	**극장** [극짱]	劇場、映画館　漢 劇場 類 영화관
509	**백화점** [배콰점]	デパート、百貨店　漢 百貨店
510	**편의점** [펴니점]	コンビニ　漢 便宜店
511	**약국** [약꾹]	薬局　漢 薬局
512	**노래방**	カラオケ　漢 --房
513	**콘서트**	コンサート　外 concert
514	**티켓** [티켇]	チケット　外 ticket 類 표
515	**여러 가지**	いろいろ、多くの種類、各種
516	**이것저것** [이걷쩌걷]	あれこれ
517	**여기저기**	あちこち

解説　506 **건너야 해요**は、**건너다**（渡る）に**-어야 해요**が付いた形。　507 **데리고 오다**（連れてくる）でひとまとまりの表現として覚えるとよい。　508 **보려고**は、**보다**（見る）に**-려고**が付いた形。　509 **그건**は**그거는**の縮約形。　510 **가까워서**は、ㅂ変則の**가깝다**（近い）に**-어서**が付いた形。　511 **가까운**はㅂ変則の**가깝다**（近い）の現在連体形。**가까운 약** ↗

文	거기는 이 **다리**를 건너야 해요.	あそこはこの橋を渡らなければいけません。
補	**공원**에 개를 데리고 왔어요. 공워네 　　　　　　　와써요	公園に犬を連れてきました。
文	영화를 보려고 **극장**에 갔어요. 　　　　　극짱에　가써요	映画を見ようと思って映画館に行きました。
補	그건 **백화점**에서 팔고 있어요. 배콰저머서　　　　　이써요	それはデパートで売っています。
文活	가까워서 집 앞 **편의점**에 자주 가요. 　　　지밥　펴니저메	近いので家の前のコンビニによく行きます。
文活	가까운 **약국**에 가서 약을 사 왔어요. 가까운 냑꾸게　야글　　와써요	近くの薬局に行って薬を買ってきました。
	오늘은 식사 후 **노래방**에 갑시다. 오느른 식싸　　　　갑씨다	今日は食事後、カラオケに行きましょう。
文	**콘서트**를 보려고 지방까지 갔어요. 　　　　　　　　가써요	コンサートを見ようと地方まで行きました。
	친구한테서 **티켓**을 두 장 받았어요. 티케슬　　　바다써요	友達からチケットを2枚もらいました。
文	**여러 가지** 음식을 먹을 수 있어요. 음시글 머글 쑤 이써요	いろんな料理が食べられます。
文	한국에 가서 **이것저것** 사 왔어요. 한구게　이걷쩌걷　와써요	韓国に行って、あれこれ買ってきました。
	시간이 남아서 **여기저기** 갔어요. 시가니 나마서　　　가써요	時間が余ったので、あちこち行きました。

국에는, [가까운 냑꾸게]と発音 (ㄴ挿入)。**사 왔어요**は、**사다** (買う) に-**아 왔어요**が付いた形。
513 **보려고**は、**보다** (見る) に-**려고**が付いた形。 515 **먹을 수 있어요**は、**먹다** (食べる) に-**을 수 있어요**が付いた形。 516 **사 왔어요**は、**사다** (買う) に-**아 왔어요**が付いた形。

4級_10日目 名詞 07 　　　　　　　　　　　[TR058]

#	単語	意味
518	**앞뒤** [압뛰]	前後
519	**가운데**	真ん中、中間、内部、間、中
520	**사이**	間、間柄 類 관계
521	**물건**	物、品物、物件　漢 物件
522	**지갑**	財布　漢 紙匣
523	**번호** [버노]	番号　漢 番号
524	**차이**	違い、差異、相違、差　漢 差異
525	**점**	点　漢 点
526	**초급**	初級　漢 初級
527	**고급**	高級、上級　漢 高級 形 고급스럽다 高級だ
528	**보통**	普通　漢 普通
529	**정도**	程度、くらい、ほど　漢 程度

解説　519 앉으니까は、앉다 (座る) に-으니까が付いた形。　521 없는は없다 (ない) の現在連体形。　522 이걸로は이것으로の口語形。살 거예요は、사다 (買う) に-ㄹ 거예요が付いた形。　524 나네요は、나다 (出る) に-네요が付いた形。　526 걸は거를の縮約形。527 ~이라서는、~이다 (~である) に-라서が付いた形。

	DATE　　　年　　月　　日
	DATE　　　年　　月　　日

물건의 **앞뒤**를 보고 사세요. _{물거네}　_{압뛰를}	物をよく見て（物の前後を見て）買ってください。
文 **가운데**에 앉으니까 잘 보여요. 　　　　　　_{안즈니까}	真ん中に座ったら、よく見えます。
일본은 건물과 건물 **사이**가 좁아요. _{일보는}　　　　　　　　　　_{조바요}	日本は建物と建物の間が狭いです。
文 그 가게에는 없는 **물건**이 없어요. 　　　　　　_{엄는}　_{물거니}　_{업써요}	その店には、ない物がありません。
文 補 **지갑**은 이걸로 살 거예요. _{지가븐}　　　　　_{살 꺼에요}	財布はこれを買うつもりです。
휴대폰 **번호**가 몇 번이세요? 　　　_{버노가}　_{멷 뻐니세요}	携帯番号は何番ですか?
文 남편하고 나이 **차이**가 많이 나네요. _{남펴나고}　　　　　　_{마니}	夫と年の差が結構ありますね。
어떤 **점**이 마음에 들어요? 　　　_{저미}　_{마으메}　_{드러요}	どんなところが気に入ってますか?
補 **초급**에서는 어떤 걸 배워요? _{초그베서는}	初級ではどんなことを習いますか?
文 생일이라서 **고급** 레스토랑에 갔어요. _{생이리라서}　　　　　　　_{가써요}	誕生日なので、高級レストランに行きました。
우리는 **보통** 사이가 아니에요.	私たちは普通の間柄ではありません。
숙제를 어느 **정도** 끝냈어요? _{숙쩨를}　　　　　_{끈내써요}	宿題をどれくらい終わらせましたか?

名詞 08

[TR059]

#	韓国語	意味
530	이상¹	以上　漢以上　対 이하 以下
531	이하	以下　漢以下　対 이상 以上
532	양쪽	両方　漢両-
533	마찬가지	同じこと、同様、同然
534	순서	順序、順番　漢順序　類 차례
535	차례 [차레]	順番、順序、順　漢次例　類 순서
536	수	数　漢数
537	횟수 [횓쑤]	回数　漢回数
538	관심	関心　漢関心　関 무관심하다 無関心だ
539	이유	理由、訳　漢理由
540	목적 [목쩍]	目的　漢目的
541	방법	方法　漢方法

解説　530 술집에는、[술찌베]と発音（合成語の濃音化）。　537 만나는は만나다（会う）の現在連体形。　538 없네요は、없다（ない）に-네요が付いた形。　539 끝낸は끝내다（終える）の過去連体形。　541 김밥 만드는は、[김빰 만드는]と発音（合成語の濃音化、鼻音化）。만드는はㄹ語幹の만들다（作る）の現在連体形。

스무 살 **이상**만 술집에 들어갈 수 있어요.	20歳以上だけ飲み屋に入れます。
십구 세 **이하**는 술을 못 사요.	19歳以下はお酒が買えません。
양쪽 눈이 다 좋지 않아요.	両目とも(視力が)良くないです。
지금 해도 다음에 해도 **마찬가지**예요.	今やっても後でやっても同じです。
번호 **순서**로 서 주세요.	番号順に並んでください。
벌써 제 **차례**가 됐어요?	もう私の順番になりましたか？
우리 학교는 학생 **수**가 많아요.	うちの学校は学生の数が多いです。
만나는 **횟수**는 많아서 친해요.	会う回数は多いので親しいです。
콘서트에는 **관심**이 없네요.	コンサートには興味がありませんね。
일을 다 못 끝낸 **이유**가 뭐예요?	仕事を全部終えられなかった理由は何ですか？
어떤 **목적**으로 돈을 빌렸어요?	どんな目的でお金を借りましたか？
김밥 만드는 **방법**을 알려 주세요.	のり巻きの作り方を教えてください。

4級_12日目 ハダ用言 02 　　[TR060]

542	**독서** [독써]	読書　漢 読書 活 하다用言　動 독서하다 読書する
543	**말씀**	お言葉、お話 活 하다用言　動 말씀하다 おっしゃる、말씀드리다 申し上げる
544	**목욕** [모곡]	入浴、沐浴　漢 沐浴 活 하다用言　動 목욕하다 入浴する
545	**발음** [바름]	発音　漢 発音 活 하다用言　動 발음하다 発音する
546	**발전** [발쩐]	発展　漢 発展 活 하다用言　動 발전하다 発展する
547	**발표**	発表　漢 発表 活 하다用言　動 발표하다 発表する
548	**번역** [버녁]	翻訳　漢 翻訳 活 하다用言　動 번역하다 翻訳する
549	**생활**	生活　漢 生活 活 하다用言　動 생활하다 生活する
550	**설명**	説明　漢 説明 活 하다用言　動 설명하다 説明する
551	**세수**	洗顔　漢 洗手 活 하다用言　動 세수하다 洗顔する
552	**소개**	紹介　漢 紹介 活 하다用言　動 소개하다 紹介する
553	**쇼핑**	ショッピング、買い物　外 shopping 活 하다用言　動 쇼핑하다 買い物する

解説　542 ~라서は、~이다 (~である) に-라서が付いた形。　543 들으세요は、ㄷ変則の듣다 (聞く) に-으세요が付いた形。　544 목욕하실 거예요?は、목욕하다に尊敬の-시-、-ㄹ 거예요?が付いた形。　545 어려워요は、ㅂ変則の어렵다 (難しい) に-어요が付いた形。　546 된は되다 (できる) の過去連体形。ここの안 된は「できなかった」ではなく「でき ↗

文 **독서**가 취미라서 집에 책이 많아요. 독써가　　　지베　채기　마나요	読書が趣味なので家に本がたくさんあります。
活 선생님 **말씀**을 잘 들으세요. 　　　말쓰믈　　　드르세요	先生の言うことをよく聞いてください。
文 먼저 **목욕하실** 거예요? 　　모교카실 꺼에요	先にお風呂に入られますか?
活 한국어 **발음**은 너무 어려워요. 한구거　바르믄	韓国語の発音は難しすぎます。
文 아직 **발전**이 안 된 나라도 많아요. 　　　발쩌니　　　　　마나요	まだ発展できていない国も多いです。
文 다음은 내가 **발표할** 차례예요. 다으믄　　　　　　차례에요	次は私が発表する番です。
일본어로 **번역** 좀 해 주세요. 일보너로　버녁	日本語に翻訳してください。
요즘 **생활**이 힘들지 않아요? 　　생화리　　　　아나요	最近、生活が厳しくないですか?
다시 **설명해** 주시겠어요? 　　　　주시게써요	もう一度説明していただけますか?
文 바빠서 **세수할** 시간도 없었어요. 　　　세수할 씨간도　업써써요	忙しくて顔を洗う時間もありませんでした。
새 남자 친구를 **소개해** 주세요.	新しい彼氏を紹介してください。
이번에 같이 **쇼핑하러** 갈까요? 이버네　가치	今度一緒に買い物に行きましょうか?

ていない」という意味。　547 **발표할**は**발표하다**の未来連体形。　551 **세수할**は**세수하다**の未来連体形。　553 **같이**は、[**가치**]と発音 (口蓋音化)。

4級_13日目 動詞 02　　　[TR061]

554	**들어오다** [드러오다]	入ってくる 対 나가다 出ていく
555	**오르다**	登る、上がる、乗る、昇進する 活 르変則　類 올라가다　対 내리다 降りる　関 올리다 上げる
556	**올리다**	上げる、差し上げる、(インターネット上に) アップする、挙に 対 내리다 下ろす　関 오르다 上がる
557	**올라가다**	登る、上がる、上京する 類 오르다　対 내려가다 降りていく
558	**올라오다**	上がってくる、昇る 対 내려오다 降りてくる
559	**쉬다**	休む、中断する、欠席する、寝る 類 놀다
560	**서다**	立つ、止まる、(建物などが) 建つ 対 앉다 座る　関 세우다 立てる
561	**눕다** [눕따]	横たわる、横になる、寝転がる、伏す 活 ㅂ変則
562	**주무시다**	お休みになる 対 일어나시다 お起きになる
563	**꾸다**	(夢を) 見る 関 꿈 夢
564	**감다**¹ [감따]	(目を) 閉じる 対 뜨다 (目を) 開ける
565	**뜨다**	(目を) 開ける、目覚める 活 으語幹　対 감다 (目を)閉じる　関 깨다 覚める、覚ます

解説　554 ~이니는、~이다 (~である) に-니が付いた形。　555 오를は오르다の未来連体形。　557 같이는、[가치]と発音 (口蓋音化)。　560 큰은크다 (高い) の現在連体形。　561 누웠어요は、ㅂ変則の눕다に-었어요が付いた形。　562 주무시고 계세요は、주무시다に-고 계세요が付いた形。　563 이상한은、이상하다 (変だ) の現在連体形。　564 ↗

공부 중이니 **들어오지** 마세요. (드러오지)	勉強中だから入らないでください。
산에 **오를** 때 뭐가 필요해요? (사네) (피료해요)	山に登る時、何が必要ですか?
블로그에 글을 **올렸어요**. (그를) (올려써요)	ブログに記事を上げました。
주말에 같이 산이라도 **올라갈까요**? (주마레) (가치) (사니라도)	週末、一緒に山でも登りましょうか?
친구가 밑에서 **올라오고** 있어요. (미테서) (이써요)	友達が下から上がってきています。
일이 많아서 내일도 **쉬지** 못해요. (이리) (마나서) (모태요)	仕事が多くてあしたも休めません。
키 큰 사람은 제일 뒤에 **서세요**. (사라믄)	背の高い人は一番後ろに立ってください。
아파서 자리에 **누웠어요**. (누워써요)	具合が悪くて横になりました。
할머니는 방에서 **주무시고** 계세요. (게세요)	祖母は部屋でお休みになっています。
어젯밤에 이상한 꿈을 **꾸었어요**. (어젣빠메) (꾸믈) (꾸어써요)	昨晩、変な夢を見ました。
전 눈만 **감아도** 잠이 와요. (가마도) (자미)	私は目を閉じただけでも眠くなります。
가끔 눈을 **뜨고** 잘 때가 있어요. (누늘) (이써요)	たまに目を開けて寝る時があります。

전は저는の縮約形。 565 잘は자다 (寝る) の未来連体形。

4級_14日目 形容詞 02 [TR062]

566 □□	**편안하다** [펴나나다]	安らかだ、無事だ、楽だ 漢 便安-- 活 하다用言　類 편하다
567 □□	**편하다** [펴나다]	楽だ、安らかだ、無事だ、気楽だ 漢 便-- 活 하다用言　類 편안하다　対 힘들다 大変だ
568 □□	**힘들다**	大変だ、骨が折れる、難しい 活 ㄹ語幹　類 어렵다　対 편하다 楽だ
569 □□	**피곤하다** [피고나다]	疲れている、くたびれている 漢 疲困-- 活 하다用言
570 □□	**빠르다**	速い、(順序が) 早い、先だ 活 르変則　副 빨리 速く
571 □□	**무겁다** [무겁따]	重い 活 ㅂ変則　対 가볍다 軽い
572 □□	**가볍다** [가볍따]	軽い 活 ㅂ変則　対 무겁다 重い
573 □□	**강하다**	強い 漢 強-- 活 하다用言　類 세다　対 약하다 弱い
574 □□	**약하다** [야카다]	弱い 漢 弱-- 活 하다用言　対 강하다 強い
575 □□	**넓다** [널따]	広い 対 좁다 狭い
576 □□	**좁다** [좁따]	狭い 対 넓다 広い
577 □□	**적다** [적따]	少ない 対 많다 多い

解説　566 편안하네요は、편안하다に-네요が付いた形。　570 빠르니까は、빠르다に-니까が付いた形。편하네요は、편하다 (楽だ) に-네요が付いた形。　571 무거우면は、ㅂ変則の무겁다に-으면が付いた形。같이は、[가치]と発音 (口蓋音化)。　572 가볍네요は、가볍다に-네요が付いた形。　573 강하니까は、강하다に-니까が付いた形。　574 전は저는 ↗

文 이 의자는 참 **편안하네요**. 펴나나네요	この椅子はとても座り心地がいいですね。	
요즘 일이 **편해서** 걱정이 없어요. 이리 펴내서 걱쩡이 업써요	このごろは仕事が楽で心配事がありません。	
오랜만에 운동을 해서 **힘들어요**. 오랜마네 힘드러요	久しぶりに運動をしたので疲れました。	
피곤해서 숙제를 못했어요. 피고내서 숙쩨를 모태써요	疲れていて宿題ができませんでした。	
文 인터넷이 **빠르니까** 너무 편하네요. 인터네시 펴나네요	インターネットが速いからとても楽ですね。	
文/活 **무거우면** 같이 들어요. 가치 드러요	重かったら一緒に持ちましょう。	
文 생각보다 가방이 **가볍네요**. 생각뽀다 가볌네요	思ったよりかばんが軽いですね。	
文 바람이 **강하니까** 나가지 마세요. 바라미	風が強いので出掛けないでください。	
補/文 전 어렸을 때부터 **약했어요**. 어려쓸 야캐써요	私は幼い頃から体が弱かったです。	
文/活 혼자 사니까 방이 **넓지** 않아도 좋아요. 널찌 아나도 조아요	一人で住むつもりなので、部屋は広くなくてもいいです。	
文 집이 **좁지만** 너무 좋아요. 지비 좁찌만 조아요	家は狭いけど、とてもいいです。	
비가 와서 손님이 **적어요**. 손니미 저거요	雨が降っているので、お客さんが少ないです。	

の縮約形。**어렸을**은 어리다 (幼い) に過去の-었-、未来連体形の-을 が付いた形。　575 **사니까**は、ㄹ語幹の **살다** (住む) に-니까 が付いた形。**넓지**は、[널찌]と発音 (語尾の濃音化)。　576 **좁지만**は、좁다に-지만が付いた形。

4級_2週目 活用 基本形－ハムニダ体現在－ヘヨ体現在－ヘヨ体過去－ヘヨ体尊敬現在

12日目 [TR063]

□ 542	**독서하다** 하用	독서합니다	독서해요	독서했어요	독서하세요
□ 543	**말씀하다** 하用	말씀합니다	말씀해요	말씀했어요	말씀하세요
□ 544	**목욕하다** 하用	목욕합니다	목욕해요	목욕했어요	목욕하세요
□ 545	**발음하다** 하用	발음합니다	발음해요	발음했어요	발음하세요
□ 546	**발전하다** 하用	발전합니다	발전해요	발전했어요	발전하세요
□ 547	**발표하다** 하用	발표합니다	발표해요	발표했어요	발표하세요
□ 548	**번역하다** 하用	번역합니다	번역해요	번역했어요	번역하세요
□ 549	**생활하다** 하用	생활합니다	생활해요	생활했어요	생활하세요
□ 550	**설명하다** 하用	설명합니다	설명해요	설명했어요	설명하세요
□ 551	**세수하다** 하用	세수합니다	세수해요	세수했어요	세수하세요
□ 552	**소개하다** 하用	소개합니다	소개해요	소개했어요	소개하세요
□ 553	**쇼핑하다** 하用	쇼핑합니다	쇼핑해요	쇼핑했어요	쇼핑하세요

13日目 [TR064]

□ 554	**들어오다**	들어옵니다	들어와요	들어왔어요	들어오세요
□ 555	**오르다** 르変	오릅니다	올라요	올랐어요	오르세요
□ 556	**올리다**	올립니다	올려요	올렸어요	올리세요
□ 557	**올라가다**	올라갑니다	올라가요	올라갔어요	올라가세요
□ 558	**올라오다**	올라옵니다	올라와요	올라왔어요	올라오세요
□ 559	**쉬다**	쉽니다	쉬어요	쉬었어요	쉬세요

入門・初級レベルで最もよく使われる活用形を掲載しました。活用が正則でない場合は、基本形の横に変則活用の種類をアイコンで示しました（アイコンの見方はP.006参照）。

□ 560	**서다**	섭니다	서요	섰어요	서세요
□ 561	**눕다** ㅂ変	눕습니다	누워요	누웠어요	누우세요
□ 562	**주무시다**	주무십니다	주무세요	주무셨어요	―
□ 563	**꾸다**	꿉니다	꿔요	꿨어요	꾸세요
□ 564	**감다**¹	감습니다	감아요	감았어요	감으세요
□ 565	**뜨다** ㅡ語幹	뜹니다	떠요	떴어요	뜨세요

14日目　[TR065]

□ 566	**편안하다** 하用	편안합니다	편안해요	편안했어요	편안하세요
□ 567	**편하다** 하用	편합니다	편해요	편했어요	편하세요
□ 568	**힘들다** ㄹ語幹	힘듭니다	힘들어요	힘들었어요	힘드세요
□ 569	**피곤하다** 하用	피곤합니다	피곤해요	피곤했어요	피곤하세요
□ 570	**빠르다** 르変	빠릅니다	빨라요	빨랐어요	빠르세요
□ 571	**무겁다** ㅂ変	무겁습니다	무거워요	무거웠어요	무거우세요
□ 572	**가볍다** ㅂ変	가볍습니다	가벼워요	가벼웠어요	가벼우세요
□ 573	**강하다** 하用	강합니다	강해요	강했어요	강하세요
□ 574	**약하다** 하用	약합니다	약해요	약했어요	약하세요
□ 575	**넓다**	넓습니다	넓어요	넓었어요	넓으세요
□ 576	**좁다**	좁습니다	좁아요	좁았어요	좁으세요
□ 577	**적다**	적습니다	적어요	적었어요	적으세요

4級_ 2週目 チェック1 韓国語 ▶ 日本語

- □ 494 댁
- □ 495 건물
- □ 496 입구
- □ 497 출구
- □ 498 계단
- □ 499 엘리베이터
- □ 500 벽
- □ 501 창문
- □ 502 근처
- □ 503 거리
- □ 504 큰길
- □ 505 신호등
- □ 506 다리²
- □ 507 공원
- □ 508 극장
- □ 509 백화점
- □ 510 편의점
- □ 511 약국
- □ 512 노래방
- □ 513 콘서트
- □ 514 티켓
- □ 515 여러 가지
- □ 516 이것저것
- □ 517 여기저기
- □ 518 앞뒤
- □ 519 가운데
- □ 520 사이
- □ 521 물건
- □ 522 지갑
- □ 523 번호
- □ 524 차이
- □ 525 점
- □ 526 초급
- □ 527 고급
- □ 528 보통
- □ 529 정도
- □ 530 이상¹
- □ 531 이하
- □ 532 양쪽
- □ 533 마찬가지
- □ 534 순서
- □ 535 차례

次の韓国語の訳を書いてみましょう。分からなかった単語は、前に戻ってもう一度覚えましょう。

- [ ] 536 수
- [ ] 537 횟수
- [ ] 538 관심
- [ ] 539 이유
- [ ] 540 목적
- [ ] 541 방법
- [ ] 542 독서
- [ ] 543 말씀
- [ ] 544 목욕
- [ ] 545 발음
- [ ] 546 발전
- [ ] 547 발표
- [ ] 548 번역
- [ ] 549 생활
- [ ] 550 설명
- [ ] 551 세수
- [ ] 552 소개
- [ ] 553 쇼핑
- [ ] 554 들어오다
- [ ] 555 오르다
- [ ] 556 올리다
- [ ] 557 올라가다
- [ ] 558 올라오다
- [ ] 559 쉬다
- [ ] 560 서다
- [ ] 561 눕다
- [ ] 562 주무시다
- [ ] 563 꾸다
- [ ] 564 감다[1]
- [ ] 565 뜨다
- [ ] 566 편안하다
- [ ] 567 편하다
- [ ] 568 힘들다
- [ ] 569 피곤하다
- [ ] 570 빠르다
- [ ] 571 무겁다
- [ ] 572 가볍다
- [ ] 573 강하다
- [ ] 574 약하다
- [ ] 575 넓다
- [ ] 576 좁다
- [ ] 577 적다

4級_2週目 チェック2 日本語▶韓国語

- [ ] 494 お宅
- [ ] 495 建物
- [ ] 496 入り口
- [ ] 497 出口
- [ ] 498 階段
- [ ] 499 エレベーター
- [ ] 500 壁
- [ ] 501 窓
- [ ] 502 近所
- [ ] 503 街
- [ ] 504 大通り
- [ ] 505 信号
- [ ] 506 橋
- [ ] 507 公園
- [ ] 508 劇場
- [ ] 509 デパート
- [ ] 510 コンビニ
- [ ] 511 薬局
- [ ] 512 カラオケ
- [ ] 513 コンサート
- [ ] 514 チケット
- [ ] 515 いろいろ
- [ ] 516 あれこれ
- [ ] 517 あちこち
- [ ] 518 前後
- [ ] 519 真ん中
- [ ] 520 間
- [ ] 521 物
- [ ] 522 財布
- [ ] 523 番号
- [ ] 524 違い
- [ ] 525 点
- [ ] 526 初級
- [ ] 527 高級
- [ ] 528 普通
- [ ] 529 程度
- [ ] 530 以上
- [ ] 531 以下
- [ ] 532 両方
- [ ] 533 同じこと
- [ ] 534 順序
- [ ] 535 順番

次の日本語に該当する単語を書いてみましょう。分からなかった単語は、前に戻ってもう一度覚えましょう。

- □ 536　数
- □ 537　回数
- □ 538　関心
- □ 539　理由
- □ 540　目的
- □ 541　方法
- □ 542　読書
- □ 543　お言葉
- □ 544　入浴
- □ 545　発音
- □ 546　発展
- □ 547　発表
- □ 548　翻訳
- □ 549　生活
- □ 550　説明
- □ 551　洗顔
- □ 552　紹介
- □ 553　ショッピング
- □ 554　入ってくる
- □ 555　登る
- □ 556　上げる
- □ 557　登る
- □ 558　上がってくる
- □ 559　休む
- □ 560　立つ
- □ 561　横たわる
- □ 562　お休みになる
- □ 563　（夢を）見る
- □ 564　（目を）閉じる
- □ 565　（目を）開ける
- □ 566　安らかだ
- □ 567　楽だ
- □ 568　大変だ
- □ 569　疲れている
- □ 570　速い
- □ 571　重い
- □ 572　軽い
- □ 573　強い
- □ 574　弱い
- □ 575　広い
- □ 576　狭い
- □ 577　少ない

4級_2週目 チャレンジ

01　先生のお宅を訪ねました。

02　近所に薬局はありますか?

03　韓国のカラオケに行きたいです。

04　あの建物は何ですか?

05　窓を開けてください。

06　映画のチケットは買いましたか?

07　財布を置いてきました。

08　友達を紹介してください。

09　発音を教えてください。

10　英語を翻訳したものです。

2週目で学んだ単語を使って韓国語の作文をしてみましょう。

11　ショッピングには関心がありません。

12　エレベーターで上がりましょう。

13　疲れているので休みたいです。

14　いい方法はないですか？

15　あちこちで見ました。

16　この計画の目的が分かりません。

17　韓国で生活しています。

18　先生が説明してくださいました。

19　韓国では普通です。

20　食事なさいましたか？

» 解答は P.284

4級_2週目 文法項目

2週目で新たに出てきた文法項目を確認しましょう。
右の列の数字は掲載番号です。

» 助詞

~한테서	~から	514

» 語尾・表現

-아/-어/-여 주면 안 돼요?	~していただけませんか？	501
-아야/-어야/-여야 하다	~しなければいけない・でなければいけない	506
-아/-어/-여 오다	~してくる	511 / 516
-라서	~なので	527 / 542
-니/-으니	~するので・なので、~したら	554
-고 계시다	~していらっしゃる	562

4級

3週目

- [ ] 名詞09 ▸ 188
- [ ] 名詞10 ▸ 190
- [ ] 名詞11 ▸ 192
- [ ] ハダ用言03 ▸ 194
- [ ] 動詞03 ▸ 196
- [ ] 形容詞03 ▸ 198
- [ ] 副詞01 ▸ 200

活用 ▸ 202
チェック1 ▸ 204
チェック2 ▸ 206
チャレンジ ▸ 208
文法項目 ▸ 210

4級_15日目 名詞 09 [TR066]

578 결과
結果 [漢] 結果
[対] 원인 原因

579 영향
影響 [漢] 影響

580 사실
事実、(副詞的に用いられて) 実は [漢] 事実

581 의견
意見 [漢] 意見

582 거울
鏡

583 수건
タオル、手ぬぐい [漢] 手巾
[類] 타월

584 타월
タオル [外] towel
[類] 수건

585 비누
せっけん

586 손수건 [손쑤건]
ハンカチ [漢] -手巾

587 잠
眠り

588 늦잠 [늗짬]
朝寝坊

589 꿈
夢
[関] 꾸다 (夢を) 見る

解説　580 알고 있는は、알다 (知る) に-고 있다が付き、現在連体形になった形。다르네요は、다르다 (違う) に-네요が付いた形。　582 좋아져요は、좋다 (良い) に-아져요が付いた形。　583 쓴は、쓰다 (使う) の過去連体形。　584 있을 거예요は、있다 (ある) に-을 거예요が付いた形。　586 손수건을は、[손쑤거늘]と発音 (合成語の濃音化)。　587 잠

어떤 **결과**라도 괜찮아요. _{괜차나요}	どんな結果でも大丈夫です。
아이는 부모의 **영향**을 많이 받아요. _{부모에　　　　마니　바다요}	子どもは親の影響をたくさん受けます。
文 제가 알고 있는 **사실**과 다르네요. _{인는}	私が知っている事実と違いますね。
먼저, **의견**을 듣고 싶어요. _{의겨늘　듣꼬　시퍼요}	まず、意見を聞きたいです。
文 **거울**을 보면 기분이 좋아져요. _{거우를　　　기부니　조아져요}	鏡を見ると気分が良くなります。
文 한 번 쓴 **수건**은 여기에 두세요. _{수거는}	一度使ったタオルはここに置いてください。
文 목욕탕에 **타월**이 있을 거예요. _{모곡탕에　타워리　이쓸 꺼에요}	お風呂場にタオルがあるでしょう。
비누로 손을 씻으세요. _{소늘　씨스세요}	せっけんで手を洗ってください。
저는 늘 **손수건**을 가지고 다녀요. _{손쑤거늘}	私はいつもハンカチを持ち歩いています。
補 커피를 마셔서 **잠**이 오지 않아요. _{자미　　　　아나요}	コーヒーを飲んだので眠くなりません。
늦잠을 자서 지각했어요. _{늗짜믈　지가캐써요}	寝坊をして遅刻しました。
文 오늘은 **꿈** 같은 일이 일어났어요. _{오느른　가튼 니리　이러나써요}	今日は夢のようなことが起きました。

이 오다で「眠くなる」という意味。　589 같은は、같다（〜のようだ）の現在連体形。같은 일이は、[가튼 니리]と発音（ㄴ挿入）。

4級_16日目 名詞 10 [TR067]

590	모자	帽子　漢 帽子
591	양복	背広、スーツ　漢 洋服
592	저고리	チョゴリ (韓服の上衣)、上衣
593	신	履物、靴 類 신발
594	담배	たばこ
595	도장	はんこ　漢 図章
596	연락처 [열락처]	連絡先　漢 連絡処
597	전화번호 [저놔버노]	電話番号　漢 電話番号
598	팩스 [팩쓰]	ファクス　外 fax
599	인터넷 [인터넫]	インターネット　外 internet
600	홈페이지	ホームページ　外 homepage
601	디브이디	DVD　外 DVD

解説 591 갈은、가다 (行く) の未来連体形。 595 찾을은 찾다 (下ろす) の未来連体形。 599 그건은 그거는の縮約形。 601 빌리려고 해요は、빌리다 (借りる) に -려고 해요が付いた形。

모자를 쓰고 밖에 나갔어요.	帽子をかぶって外に出掛けました。
회사에 갈 때 양복을 입고 가요.	会社に行く時、スーツを着て行きます。
저고리를 처음 입어 봤어요.	チョゴリを初めて着てみました。
새 신을 사서 기분이 좋아요.	新しい靴を買ったので気分がいいです。
저는 담배 냄새를 정말 싫어해요.	私はたばこのにおいが本当に苦手です。
돈을 찾을 때 도장이 필요해요.	お金を下ろす時、はんこが必要です。
연락처 좀 알려 주세요.	連絡先を教えてください。
이 전화번호가 맞습니까?	この電話番号で合ってますか？
지도는 팩스로 보내 주세요.	地図はファクスで送ってください。
그건 인터넷으로 공부할 수 있어요.	それはインターネットで勉強できます。
수업 시간은 홈페이지에 써 있어요.	授業時間はホームページに書いてあります。
주말에 디브이디를 빌리려고 해요.	週末、DVDを借りようと思っています。

4級_17日目 名詞 11 [TR068]

602	**음반**	CD、レコード　㊎音盤 類 시디
603	**라디오**	ラジオ　外 radio
604	**카메라**	カメラ　外 camera
605	**자전거**	自転車　㊎自転車
606	**자동차**	自動車　㊎自動車 類 차
607	**배²**	船
608	**바람**	風
609	**하늘**	空、天、神
610	**해**	太陽、(太陽という意味の) 日、(暦の) 年 関 달 月
611	**별**	星
612	**섬**	島
613	**돌**	石

解説 602 나온은 나오다 (出る) の過去連体形。 603 아는은 ㄹ語幹の알다 (知っている) の現在連体形。 604 빌려주면 안 돼요?는, 빌려주다 (貸す) に-면 안 돼요?が付いた形。 605 타는은 타다 (乗る) の現在連体形。 607 ～엔은～에는の縮約形。가려고 해요는, 가다 (行く) に-려고 해요が付いた形。 608 따뜻하네요는, 따뜻하다 (暖かい) に-네 ↗

文 이번에 나온 **음반**을 사러 갔어요. 　　이버네　　　음바늘　　　　가써요	このたび出たCDを買いに行きました。
文活 **라디오**에서 아는 노래가 나왔어요. 　　　　　　　　　　　　나와써요	ラジオから知っている曲が流れました。
文 **카메라**를 빌려주면 안 돼요?	カメラを貸してもらえませんか?
文 저는 **자전거** 타는 것을 좋아해요. 　　　　　　　거슬　　조아해요	私は自転車に乗るのが好きです。
학교에 **자동차**를 타고 다녀요. 학꾜에	車に乗って学校に通っています。
補文 이번엔 **배**로 한국에 가려고 해요. 　　이버넨　　　　한구게	今度は船で韓国に行こうと思っています。
文 어제보다 **바람**이 따뜻하네요. 　　　　　　바라미　따뜨타네요	昨日より風が暖かいですね。
하늘에 구름이 하나도 없어요. 하느레　구르미　　　　　업써요	空に雲が一つもありません。
아침 **해**를 보려고 일찍 일어났어요. 　　　　　　　　　　　　이러나써요	朝日を見ようと、早く起きました。
文 밤하늘의 **별**이 정말 예쁘네요. 　바마느레　벼리	夜空の星が本当にきれいですね。
文 그 **섬**에는 작은 배를 타고 가요. 　　　서메는　자근	その島には小さい船に乗って行きます。
文 이 산은 **돌**이 많으니까 주의하세요. 　　사는　도리　마느니까　주이하세요	この山は石が多いから気を付けてください。

요が付いた形。 611 **예쁘네요**は、**예쁘다** (きれいだ) に-**네요**が付いた形。 612 **작은**は**작다** (小さい) の現在連体形。 613 **많으니까**は、**많다** (多い) に-**으니까**が付いた形。

4級_18日目 ハダ用言 03 [TR069]

614 수고 — 苦労、手間
活 하다用言 動 수고하다 苦労する

615 시합 — 試合 漢 試合
活 하다用言 動 시합하다 試合する

616 약속 [약쏙] — 約束 漢 約束
活 하다用言 動 약속하다 約束する

617 연락 [열락] — 連絡 漢 連絡
活 하다用言 動 연락하다 連絡する

618 연습 — 練習 漢 練習
活 하다用言 動 연습하다 練習する

619 예정 — 予定 漢 予定
活 하다用言 動 예정하다 予定する

620 유학 — 留学 漢 留学
活 하다用言 動 유학하다 留学する

621 의미 — 意味、意義 漢 意味
活 하다用言 動 의미하다 意味する 類 뜻

622 이용 — 利用 漢 利用
活 하다用言 動 이용하다 利用する

623 이해 — 理解 漢 理解
活 하다用言 動 이해하다 理解する

624 인사 — あいさつ 漢 人事
活 하다用言 動 인사하다 あいさつする

625 입학 [이팍] — 入学 漢 入学
活 하다用言 動 입학하다 入学する 対 졸업 卒業

解説　614 늦은은 늦다 (遅い) の現在連体形。　615 나온 이상은、나오다 (出る) に-ㄴ 이상が付いた形で、[나온 니상]と発音 (ㄴ挿入)。　616 지켜야 해요는、지키다 (守る) に-어야 해요が付いた形。　617 못 오면은、[모 도면]と発音 (単語間の連音化)。　619 다음 달은、[다음 딸]と発音 (合成語の濃音化)。　~이/~가 어떻게 되십니까?/되세요?은、

文 늦은 시간까지 **수고했어요**.	遅くまでご苦労さまでした。
文 **시합**에 나온 이상 꼭 이기겠어요.	試合に出た以上、必ず勝ちます。
文 **약속**은 꼭 지켜야 해요.	約束は必ず守らなければなりません。
약속 시간에 못 오면 **연락** 주세요.	約束時間に来られなかったら連絡ください。
연습하지 않으면 이길 수 없어요.	練習しないと勝てません。
補 다음 달 **예정**이 어떻게 되세요?	来月の予定はどうなっていますか?
補 올해 미국으로 **유학**을 가요.	今年、アメリカに留学に行きます。
文 지금 한 말의 **의미**가 뭐예요?	今言ったことの意味は何ですか?
앞으로도 많이 **이용해** 주세요.	これからもたくさん利用してください。
친구의 생각을 **이해할** 수 없어요.	友達の考えが理解できません。
文 오늘 처음 **인사한** 사이예요.	今日初めてあいさつした間柄です。
입학 선물로 무엇을 준비할까요?	入学祝いに何を準備しましょうか?

「〜は何ですか?」「〜は幾つですか?」などを丁寧に尋ねるときの表現。 620 **유학**のように、場所ではなく出来事を表す名詞を**가다** (行く) と一緒に使う場合、助詞は〜**을**/〜**를**を使う。 621 **한**は**하다** (言う) の過去連体形。 624 **인사한**は**인사하다**の過去連体形。

4級_19日目 動詞03 [TR070]

626	**깨다**	覚める、目覚める、覚ます 対 자다 寝る　関 일어나다 起きる
627	**보이다**¹	見える 関 보다 見る
628	**보이다**²	見せる 関 보다 見る
629	**일어서다** [이러서다]	立ち上がる、立つ、立ち直る 対 앉다 座る
630	**잡수시다** [잡쑤시다]	召し上がる、お年を召す 類 드시다
631	**씻다** [씯따]	洗う、拭う、(汚名を) そそぐ
632	**감다**² [감따]	(髪を) 洗う
633	**닦다** [닥따]	磨く、拭く、拭う、(心などを) 修める
634	**지내다**	過ごす、暮らす、務める 関 지나다 過ぎる
635	**자라다**	育つ、成長する、伸びる
636	**죽다** [죽따]	死ぬ 対 살다 生きる
637	**알리다**	知らせる 関 알다 知る

解説　628 한は하다 (する) の過去連体形。　629 한は하다 (する) の過去連体形。　631 **씻어야 돼요**는、**씻다**에 **-어야 돼요**가 付いた形。　632 **전**は**저는**の縮約形。　633 **자야 해요**は、**자다** (寝る) に **-아야 해요**가 付いた形。　637 **무슨 일**は、[**무슨 닐**]と発音 (ㄴ挿入)。

아침 네 시에 잠이 **깼어요**. _{자미 깨써요}	朝の4時に目が覚めました。
잘 안 **보이면** 안경을 쓰세요.	よく見えなかったら眼鏡を掛けてください。
文 어제 한 숙제 좀 **보여** 주세요. _{숙쩨}	昨日やった宿題を見せてください。
文 숙제 안 한 사람은 **일어서세요**. _{숙쩨 아난 사라믄 이러서세요}	宿題をやっていない人は立ってください。
할머니께서는 매일 생선을 **잡수세요**. _{생서늘 잡쑤세요}	祖母は毎日魚を召し上がっています。
文 밥을 먹으면 그릇은 **씻어야** 돼요. _{바블 머그면 그르슨 씨서야}	食事をしたら食器は洗わなければなりません。
補 전 이틀에 한 번 머리를 **감아요**. _{이트레 가마요}	私は2日に1回髪を洗います。
文 반드시 이를 **닦고** 자야 해요. _{닥꼬}	必ず歯を磨いてから寝なければなりません。
요즘 어떻게 **지내세요**? _{어떠케}	このごろ、どう過ごされてますか?
집 앞의 나무가 많이 **자랐어요**. _{지 바페 마니 자라써요}	家の前の木がだいぶ育ちました。
우리 집 개가 **죽어서** 슬퍼요. _{주거서}	わが家の犬が死んで悲しいです。
무슨 일 있으면 **알려** 주세요. _{무슨닐 이쓰면}	何かあったら教えてください。

4級_20日目 形容詞 03 　　　　　[TR071]

#	韓	日
638	**중요하다**	重要だ　漢 重要-- 活 하다用言
639	**따뜻하다** [따뜨타다]	暖かい、温かい 活 하다用言　対 춥다 寒い
640	**밝다** [박따]	明るい 対 어둡다 暗い
641	**어둡다** [어둡따]	暗い、うとい 活 ㅂ変則　対 밝다 明るい
642	**흐리다**	曇っている、濁っている、はっきりしない
643	**희다** [히다]	白い 対 검다 黒い
644	**검다** [검따]	黒い 対 희다 白い
645	**달다**	甘い 活 ㄹ語幹　対 쓰다 苦い
646	**맵다** [맵따]	辛い、(煙などが) 目にしみる 活 ㅂ変則
647	**짜다**	塩辛い、けちだ、少ない
648	**부르다**¹	(おなかが) いっぱいだ 活 르変則　対 고프다 空腹だ

解説　638 중요한은 중요하다의 現在連体形。중요한 일이니까는, [중요한 니리니까]と発音 (ㄴ挿入)。〜이니까는、〜이다 (〜である) に-니까が付いた形。　639 따뜻하니까는、따뜻하다に-니까が付いた形。　640 밝지 않네요는、밝다に-지 않다と-네요が付いた形。　641 어두워요는、ㅂ変則の어둡다に-어요が付いた形。　642 흐리네요는、흐리다に-네요が

| | DATE　　年　　月　　日 |
| | DATE　　年　　月　　日 |

文	**중요한** 일이니까 꼭 외우세요.	重要なことなので必ず覚えてください。
	중요한 니리니까	
文	날씨가 **따뜻하니까** 놀러 가고 싶어요.	暖かいからお出掛けしたいです。
	따뜨타니까　　　시퍼요	
文	불을 켜도 방이 **밝지** 않네요.	電気をつけても部屋が明るくないですね。
	부를　　박찌　　안네요	
活	아버지의 얼굴이 **어두워요**.	父の顔が暗いです。
	얼구리	
文	오늘은 날씨가 **흐리네요**.	今日は曇りですね。
	오느른	
文	언니는 눈처럼 **흰** 피부를 가졌어요.	お姉さんは雪のように白い肌をしています。
	힌　　　가저써요	
文/活	여름에 **검은** 옷은 더워 보여요.	夏に黒い服は暑そうです。
	여르메　거므 노슨	
文/活	일본 음식은 좀 **단** 것 같아요.	日本の食べ物は少し甘い気がします。
	일보 늠시근　　걷 까타요	
文/活	한국 음식은 **매워서** 못 먹겠어요.	韓国の食べ物は辛くて食べられません。
	한구 금시근　　몬 먹께써요	
文	소금을 많이 넣어서 너무 **짜네요**.	塩を入れすぎてすごくしょっぱいですね。
	소그믈　마니　너어서	
文/活	배가 **불러서** 더 이상 못 먹겠어요.	おなかがいっぱいなのでこれ以上食べられません。
	몬 먹께써요	

付いた形。　643 **흰**は**희다**の現在連体形。　644 **검은**は**검다**の現在連体形。**더워 보여요**は、ㅂ変則の**덥다**（暑い）に**-어 보여요**が付いた形。　645 **단 것 같아요**は、ㄹ語幹の**달다**に**-ㄴ 것 같아요**が付いた形。　646 **매워서**は、ㅂ変則の**맵다**に**-어서**が付いた形。　647 **짜네요**は、**짜다**に**-네요**が付いた形。　648 **불러서**は、르変則の**부르다**に**-어서**が付いた形。

4級_21日目 副詞 01　　　[TR072]

649	**그래서**	それで
650	**그러니까**	だから
651	**그러나**	しかし 類 하지만, 그렇지만
652	**그렇지만** [그러치만]	だが、しかし 類 하지만, 그러나
653	**역시** [역씨]	やはり、やっぱり　漢 亦是
654	**갑자기** [갑짜기]	急に
655	**요즘**	近頃、最近
656	**이제**	もう、もうすぐ、すでに
657	**잠시**	しばらくの間　漢 暫時 類 잠깐
658	**잠깐**	ちょっとの間 類 잠시
659	**아까**	さっき、先ほど
660	**벌써**	すでに、もう、とうに、いつの間にか 対 아직 まだ

解説　650 잃어버리는 거예요は、잃어버리다 (なくす) に-는 거예요が付いた形。　653 ~라서は、~이다 (~である) に-라서が付いた形。잘하네요は、잘하다 (うまい) に-네요が付いた形。　654 ~은/~는 왜の形で、「なぜ~なんか」という意味になる。물어요?は、ㄷ変則の묻다 (聞く) に-어요?が付いた形。　657 생각할は생각하다 (考える) の未来連体

버스가 늦었어요. **그래서** 지각했어요. 〔느저써요〕 〔지가캐써요〕	バスが遅れました。それで遅刻しました。
文 **그러니까** 자꾸 잃어버리는 거예요. 〔이러버리는〕 〔거에요〕	だからよくなくすんですよ。
그러나 그 사람은 만나고 싶지 않아요. 〔사라믄〕 〔십찌〕 〔아나요〕	しかし、その人には会いたくありません。
그렇지만 그 친구 말도 옳아요. 〔그러치만〕 〔오라요〕	だけど、その友達の言うことも正しいです。
文 가수라서 **역시** 노래를 잘하네요. 〔역씨〕 〔자라네요〕	歌手だからやはり歌がうまいですね。
補活 **갑자기** 나이는 왜 물어요? 〔갑짜기〕 〔무러요〕	急になぜ年なんか聞くのですか?
요즘에는 그렇게 바쁘지 않아요. 〔요즈메는〕 〔그러케〕 〔아나요〕	最近はそんなに忙しくありません。
이제 더 이상 먹을 수 없어요. 〔머글 쑤〕 〔업써요〕	もうこれ以上食べられません。
文 **잠시** 생각할 시간을 주세요. 〔생가칼 씨가늘〕	しばらく考える時間をください。
여기서 **잠깐**만 기다리세요.	ここでちょっと待ってください。
아까 먼저 밥을 먹었어요. 〔바블〕 〔머거써요〕	さっき先にご飯を食べました。
벌써 집에 가세요? 〔지베〕	もう家に帰りますか?

形。

4級_3週目 活用 基本形−ハムニダ体現在−ヘヨ体現在−ヘヨ体過去−ヘヨ体尊敬現在

18日目 [TR073]

□ 614	**수고하다** 하用	수고합니다	수고해요	수고했어요	수고하세요
□ 615	**시합하다** 하用	시합합니다	시합해요	시합했어요	시합하세요
□ 616	**약속하다** 하用	약속합니다	약속해요	약속했어요	약속하세요
□ 617	**연락하다** 하用	연락합니다	연락해요	연락했어요	연락하세요
□ 618	**연습하다** 하用	연습합니다	연습해요	연습했어요	연습하세요
□ 619	**예정하다** 하用	예정합니다	예정해요	예정했어요	예정하세요
□ 620	**유학하다** 하用	유학합니다	유학해요	유학했어요	유학하세요
□ 621	**의미하다** 하用	의미합니다	의미해요	의미했어요	의미하세요
□ 622	**이용하다** 하用	이용합니다	이용해요	이용했어요	이용하세요
□ 623	**이해하다** 하用	이해합니다	이해해요	이해했어요	이해하세요
□ 624	**인사하다** 하用	인사합니다	인사해요	인사했어요	인사하세요
□ 625	**입학하다** 하用	입학합니다	입학해요	입학했어요	입학하세요

19日目 [TR074]

□ 626	**깨다**	깹니다	깨요	깼어요	깨세요
□ 627	**보이다**[1]	보입니다	보여요	보였어요	보이세요
□ 628	**보이다**[2]	보입니다	보여요	보였어요	보이세요
□ 629	**일어서다**	일어섭니다	일어서요	일어섰어요	일어서세요
□ 630	**잡수시다**	잡수십니다	잡수세요	잡수셨어요	—
□ 631	**씻다**	씻습니다	씻어요	씻었어요	씻으세요

入門・初級レベルで最もよく使われる活用形を掲載しました。活用が正則でない場合は、基本形の横に変則活用の種類をアイコンで示しました（アイコンの見方はP.006参照）。

□ 632	**감다**[2]	감습니다	감아요	감았어요	감으세요
□ 633	**닦다**	닦습니다	닦아요	닦았어요	닦으세요
□ 634	**지내다**	지냅니다	지내요	지냈어요	지내세요
□ 635	**자라다**	자랍니다	자라요	자랐어요	자라세요
□ 636	**죽다**	죽습니다	죽어요	죽었어요	—
□ 637	**알리다**	알립니다	알려요	알렸어요	알리세요

20日目　[TR075]

□ 638	**중요하다** 하用	중요합니다	중요해요	중요했어요	중요하세요
□ 639	**따뜻하다** 하用	따뜻합니다	따뜻해요	따뜻했어요	따뜻하세요
□ 640	**밝다**	밝습니다	밝아요	밝았어요	밝으세요
□ 641	**어둡다** ㅂ変	어둡습니다	어두워요	어두웠어요	어두우세요
□ 642	**흐리다**	흐립니다	흐려요	흐렸어요	흐리세요
□ 643	**희다**	흽니다	희어요	희었어요	희세요
□ 644	**검다**	검습니다	검어요	검었어요	검으세요
□ 645	**달다** ㄹ語幹	답니다	달아요	달았어요	다세요
□ 646	**맵다** ㅂ変	맵습니다	매워요	매웠어요	매우세요
□ 647	**짜다**	짭니다	짜요	짰어요	짜세요
□ 648	**부르다**[1] 르変	부릅니다	불러요	불렀어요	부르세요

4級_3週目 **チェック1** 韓国語 ▶ 日本語

- [ ] 578 **결과**
- [ ] 579 **영향**
- [ ] 580 **사실**
- [ ] 581 **의견**
- [ ] 582 **거울**
- [ ] 583 **수건**
- [ ] 584 **타월**
- [ ] 585 **비누**
- [ ] 586 **손수건**
- [ ] 587 **잠**
- [ ] 588 **늦잠**
- [ ] 589 **꿈**
- [ ] 590 **모자**
- [ ] 591 **양복**
- [ ] 592 **저고리**
- [ ] 593 **신**
- [ ] 594 **담배**
- [ ] 595 **도장**
- [ ] 596 **연락처**
- [ ] 597 **전화번호**
- [ ] 598 **팩스**
- [ ] 599 **인터넷**
- [ ] 600 **홈페이지**
- [ ] 601 **디브이디**
- [ ] 602 **음반**
- [ ] 603 **라디오**
- [ ] 604 **카메라**
- [ ] 605 **자전거**
- [ ] 606 **자동차**
- [ ] 607 **배**[2]
- [ ] 608 **바람**
- [ ] 609 **하늘**
- [ ] 610 **해**
- [ ] 611 **별**
- [ ] 612 **섬**
- [ ] 613 **돌**
- [ ] 614 **수고**
- [ ] 615 **시합**
- [ ] 616 **약속**
- [ ] 617 **연락**
- [ ] 618 **연습**
- [ ] 619 **예정**

次の韓国語の訳を書いてみましょう。分からなかった単語は、前に戻ってもう一度覚えましょう。

- ☐ 620 **유학**
- ☐ 621 **의미**
- ☐ 622 **이용**
- ☐ 623 **이해**
- ☐ 624 **인사**
- ☐ 625 **입학**
- ☐ 626 **깨다**
- ☐ 627 **보이다**[1]
- ☐ 628 **보이다**[2]
- ☐ 629 **일어서다**
- ☐ 630 **잡수시다**
- ☐ 631 **씻다**
- ☐ 632 **감다**[2]
- ☐ 633 **닦다**
- ☐ 634 **지내다**
- ☐ 635 **자라다**
- ☐ 636 **죽다**
- ☐ 637 **알리다**
- ☐ 638 **중요하다**
- ☐ 639 **따뜻하다**
- ☐ 640 **밝다**
- ☐ 641 **어둡다**
- ☐ 642 **흐리다**
- ☐ 643 **희다**
- ☐ 644 **검다**
- ☐ 645 **달다**
- ☐ 646 **맵다**
- ☐ 647 **짜다**
- ☐ 648 **부르다**[1]
- ☐ 649 **그래서**
- ☐ 650 **그러니까**
- ☐ 651 **그러나**
- ☐ 652 **그렇지만**
- ☐ 653 **역시**
- ☐ 654 **갑자기**
- ☐ 655 **요즘**
- ☐ 656 **이제**
- ☐ 657 **잠시**
- ☐ 658 **잠깐**
- ☐ 659 **아까**
- ☐ 660 **벌써**

4級_3週目 チェック2 日本語▶韓国語

- [ ] 578 結果
- [ ] 579 影響
- [ ] 580 事実
- [ ] 581 意見
- [ ] 582 鏡
- [ ] 583 タオル
- [ ] 584 タオル
- [ ] 585 せっけん
- [ ] 586 ハンカチ
- [ ] 587 眠り
- [ ] 588 朝寝坊
- [ ] 589 夢
- [ ] 590 帽子
- [ ] 591 背広
- [ ] 592 チョゴリ
- [ ] 593 履物
- [ ] 594 たばこ
- [ ] 595 はんこ
- [ ] 596 連絡先
- [ ] 597 電話番号
- [ ] 598 ファクス
- [ ] 599 インターネット
- [ ] 600 ホームページ
- [ ] 601 DVD
- [ ] 602 CD
- [ ] 603 ラジオ
- [ ] 604 カメラ
- [ ] 605 自転車
- [ ] 606 自動車
- [ ] 607 船
- [ ] 608 風
- [ ] 609 空
- [ ] 610 太陽
- [ ] 611 星
- [ ] 612 島
- [ ] 613 石
- [ ] 614 苦労
- [ ] 615 試合
- [ ] 616 約束
- [ ] 617 連絡
- [ ] 618 練習
- [ ] 619 予定

次の日本語に該当する単語を書いてみましょう。分からなかった単語は、前に戻ってもう一度覚えましょう。

- ☐ 620 留学
- ☐ 621 意味
- ☐ 622 利用
- ☐ 623 理解
- ☐ 624 あいさつ
- ☐ 625 入学
- ☐ 626 覚める
- ☐ 627 見える
- ☐ 628 見せる
- ☐ 629 立ち上がる
- ☐ 630 召し上がる
- ☐ 631 洗う
- ☐ 632 (髪を)洗う
- ☐ 633 磨く
- ☐ 634 過ごす
- ☐ 635 育つ
- ☐ 636 死ぬ
- ☐ 637 知らせる
- ☐ 638 重要だ
- ☐ 639 暖かい
- ☐ 640 明るい
- ☐ 641 暗い
- ☐ 642 曇っている
- ☐ 643 白い
- ☐ 644 黒い
- ☐ 645 甘い
- ☐ 646 辛い
- ☐ 647 塩辛い
- ☐ 648 (おなかが)いっぱいだ
- ☐ 649 それで
- ☐ 650 だから
- ☐ 651 しかし
- ☐ 652 だが
- ☐ 653 やはり
- ☐ 654 急に
- ☐ 655 近頃
- ☐ 656 もう
- ☐ 657 しばらくの間
- ☐ 658 ちょっとの間
- ☐ 659 さっき
- ☐ 660 すでに

4級_3週目 チャレンジ

01 良い夢を見ました。

02 どんな影響がありましたか?

03 結果が出ました。

04 プレゼントにせっけんはどうですか?

05 今もファクスを使いますか?

06 星が見えますね。

07 船で韓国に行きました。

08 到着したら連絡してください。

09 バスをたくさん利用しました。

10 急に目が覚めました。

3週目で学んだ単語を使って韓国語の作文をしてみましょう。

11　さっき食べました。

12　重要な意味があります。

13　この家で育ちました。

14　朝も夜も髪を洗います。

15　すでに空が暗いです。

16　（天気が）暖かいですね。

17　サッカーの試合を見ました。

18　あしたは約束があります。

19　ラジオをたくさん聞きます。

20　甘い食べ物がすごく好きです。

» 解答は P.284-285

4級_3週目 文法項目

3週目で新たに出てきた文法項目を確認しましょう。
右の列の数字は掲載番号です。

» 助詞

~께서는	~は、~におかれましては	630

» 語尾・表現

-아지다/-어지다/-여지다	~くなる・になる	582
-ㄴ/-은 이상	~した以上	615
-ㄴ/-은 것 같다	~なようだ	645
-는 것이다	~するのだ	650

4級

4週目

- ☐ 名詞12 ▸ 212
- ☐ 名詞13 ▸ 214
- ☐ 名詞14 ▸ 216
- ☐ ハダ用言04 ▸ 218
- ☐ 動詞04 ▸ 220
- ☐ 動詞05 ▸ 222
- ☐ 副詞02 ▸ 224

活用 ▸ 226
チェック1 ▸ 228
チェック2 ▸ 230
チャレンジ ▸ 232
文法項目 ▸ 234

4級_22日目　名詞 12　　[TR076]

661 동물 — 動物　漢 動物

662 물고기 [물꼬기] — 魚　類 생선

663 새해 — 新年

664 달력 — カレンダー、暦　漢 -暦

665 휴가 — 休暇　漢 休暇

666 방학 — 学期休み　漢 放学

667 날 — 日、日和、日付　類 날짜

668 날짜 — 日にち、日数、日付　類 날

669 지난해 [지나내] — 昨年、去年　類 작년　対 다음 해 来年

670 다음 해 [다으 매] — 来年、翌年、あくる年　類 내년　対 지난해 昨年

671 반년 — 半年　漢 半年

672 반달 — 半月 (はんつき)、半月 (はんげつ)　漢 半-

解説　662 물고기は、[물꼬기]と発音 (合成語の濃音化)。갈 거예요は、가다 (行く) に -ㄹ 거예요が付いた形。　664 써 두었어요は、으語幹の쓰다 (書く) に -어 두었어요が付いた形。　669 오네요は、오다 (降る) に -네요が付いた形。　671 그리는はそりにい다 (描く) の現在連体形。　672 ~ 때문에は、「~のために、~が原因で」という意味。

| 어떤 **동물**을 좋아해요? | どんな動物が好きですか？ |
| 동무를 　 조아해요 | |

文 **물고기**를 잡으러 바다에 갈 거예요. | 魚を捕りに海に行きます。
　물꼬기를　 자브러　 　 갈 꺼에요

새해 목표를 세웁시다. | 新年の目標を立てましょう。
　　　　　　세웁씨다

文/活 **달력**에 예정을 써 두었어요. | カレンダーに予定を書いておきました。
　달려게　　　 두어써요

이번에 겨우 **휴가**를 받았어요. | 今回やっと休暇を頂きました。
　이버네　　　 　바다써요

내일부터 **방학**이에요. | あしたから学期休みです。
　　　　　방하기에요

어느 **날**이 좋을까요? | どの日がいいでしょうか？
　나리　조을까요

결혼 **날짜**가 언제예요? | 結婚する日はいつですか？
겨론　　　　 언제에요

文 **지난해**보다 올해 비가 많이 오네요. | 去年より今年は雨がたくさん降ってますね。
　지나내보다　오래　마니

다음 해에 대학생이 됩니다. | 来年、大学生になります。
다으 매에　대학쌩이　됨니다

文 그림을 다 그리는 데에 **반년** 걸렸어요. | 絵を全部描くのに半年かかりました。
　그리믈　　　　　　걸려써요

文 병 때문에 **반달** 간 쉬었어요. | 病気で半月休みました。
　때무네　　　쉬어써요

4級_23日目 名詞 13

[TR077]

673	그제	おととい 類 그저께
674	그저께	おととい 類 그제
675	어저께	昨日 類 어제 対 내일 あした
676	옛날 [옌날]	昔 対 지금 今
677	이달	今月、この月 類 이번달
678	이날	この日
679	그날	その日、当日、あの日
680	때	時 類 시간
681	이때	この時、今、その時
682	그때	その時、あの時
683	하루	1日
684	하룻밤 [하룯빰]	一晩、一夜、ある晩

解説 673 배운은 배우다 (習う) の過去連体形。걸은 거를の縮約形。 674 쉬는은 쉬다 (休む) の現在連体形。 675 만났잖아요는、만나다 (会う) に-았잖아요が付いた形。 677 ～엔은 ～에는の縮約形。 679 싸운은 싸우다 (けんかする) の過去連体形。 680 갈은 가다 (行く) の未来連体形。사 가요는、사다 (買う) に-아 가요が付いた形。 681 멋있네 ↗

文補 **그제** 배운 걸 벌써 잊어버렸어요. _{이저버려써요}	おととい習ったことをもう忘れてしまいました。
文 **그저께** 쉬는 날에 뭐 하셨어요? _{나레　　　하셔써요}	おとといの休みの日、何をされましたか？
文 우리 **어저께**도 만났잖아요. _{만낟짜나요}	私たち、昨日も会ったじゃないですか。
옛날에는 어디서 살았어요? _{옌나레는　　　　사라써요}	昔はどこに住んでましたか？
補 **이달**엔 쇼핑을 많이 해서 돈이 없어요. _{이다렌　　마니　　　도니　업써요}	今月は買い物をたくさんしたので、お金がありません。
이날 함께 여행을 갈까요?	この日一緒に旅行に行きましょうか？
文 친구와 싸운 **그날**을 잊을 수 없어요. _{그나를　이즐 쑤　업써요}	友達とけんかしたあの日を忘れられません。
文 집에 갈 **때** 과일을 사 가요. _{지베　　과이를}	家に帰る時、果物を買います。
文 **이때**보다 지금이 더 멋있네요. _{지그미　　머신네요}	この時より今の方がもっとかっこいいですね。
文 **그때** 가게에서 본 옷을 샀어요. _{오슬　사써요}	あの時店で見た服を買いました。
文 시험이 **하루**밖에 남지 않았어요. _{시허미　하루바께　남찌　아나써요}	試験が1日しか残っていません。
숙제를 **하룻밤** 사이에 다 끝냈어요. _{숙쩨를　하룯빰　　　　끈내써요}	宿題を一晩の間に全て終わらせました。

요는、**멋있다** (かっこいい) に-**네요**が付いた形。 682 **본**は**보다** (見る) の過去連体形。 683 **남지**は、[**남찌**]と発音 (語尾の濃音化)。ここの-**지 않았어요**は「〜しませんでした」ではなく「〜していません」という意味。.

4級_24日目 名詞 14 [TR078]

#	韓国語	意味
685	**이틀**	二日
686	**며칠**	何日、幾日、(期間の) 何日
687	**지난번**	前回、この間、先頃　漢 --番
688	**오래간만**	久しぶり 縮 오랜만
689	**전**	前　漢 前 対 후 後
690	**이전**	以前　漢 以前 対 이후 以後
691	**이후**	以後、以降　漢 以後 対 이전 以前
692	**마지막**	最後、終わり 対 처음 最初　関 끝 終わり
693	**부엌** [부억]	台所
694	**젓가락** [젇까락]	箸 関 숟가락 さじ
695	**숟가락** [숟까락]	スプーン、さじ 関 젓가락 箸
696	**칼**	刃物、ナイフ、包丁

解説　685 갔다 왔어요は、갔다 오다 (行ってくる) でひとまとまりの表現として覚えるとよい。
686 계실 거예요?は、계시다 (いらっしゃる) に-ㄹ 거예요?が付いた形。　687 같이は、
[가치]と発音 (口蓋音化)。만났죠?は、만나다 (会う) に-았죠?が付いた形。　689 갔기
때문에は、가다 (行く) に-았기 때문에が付いた形。〜엔は〜에는の縮約形。　690 가 ↗

補 **이틀** 쉬어서 여행을 갔다 왔어요.	2日間休んで旅行に行ってきました。
文 한국에 **며칠** 계실 거예요?	韓国に何日いらっしゃるつもりですか？
文 **지난번**에 친구와 같이 만났죠?	この間友達と一緒に会いましたよね？
오래간만에 옛날 친구를 만났어요.	久しぶりに昔の友達に会いました。
文補 **전**에 갔기 때문에 이번엔 안 가요.	前行ったので今回は行きません。
文 **이전**에 제주도에 가 본 적이 있어요.	以前、済州島に行ったことがあります。
그날 **이후** 아무 말도 없었어요?	その日以降、何も言ってなかったですか？
그 드라마는 내일이 **마지막**이에요.	そのドラマはあしたが最後です。
부엌이 넓어서 요리가 편해요.	台所が広くて料理するのが楽です。
일본은 밥을 **젓가락**으로 먹어요.	日本ではご飯を箸で食べます。
한국에서는 **숟가락**을 많이 써요.	韓国ではスプーンをたくさん使います。
文補 요리에 쓸 **칼**은 이걸로 하겠어요.	料理に使う包丁はこれにします。

본 적이 있어요는、**가다**に**-아 보다**と**-ㄴ 적이 있다**가 付いた形。 696 **쓸**은 **쓰다**（使う）の未来連体形。**이걸로**는 **이것으로**의 口語形。

4級_25日目 ハダ用言 04 [TR079]

697	**졸업** [조럽]	卒業　漢 卒業 活 하다用言　動 졸업하다 卒業する　対 입학 入学
698	**잘못** [잘몯]	間違い、手違い、落ち度 活 하다用言　動 잘못하다 間違える
699	**주의** [주이]	注意　漢 注意 活 하다用言　動 주의하다 注意する
700	**준비**	準備　漢 準備 活 하다用言　動 준비하다 準備する
701	**지각**	遅刻　漢 遅刻 活 하다用言　動 지각하다 遅刻する
702	**지도**²	指導　漢 指導 活 하다用言　動 지도하다 指導する
703	**질문**	質問　漢 質問 活 하다用言　動 질문하다 質問する　対 대답 答え、답 答え
704	**출발**	出発　漢 出発 活 하다用言　動 출발하다 出発する　対 도착 到着
705	**프린트**	プリント　外 print 活 하다用言　動 프린트하다 プリントする
706	**필요** [피료]	必要　漢 必要 活 하다用言　形 필요하다 必要だ
707	**이상**²	異常、変であること、おかしいこと　漢 異常 活 하다用言　副 이상하다 変だ
708	**회의** [회이]	会議　漢 会議 活 하다用言　動 회의하다 会議する

解説　697 **졸업한 후**는, **졸업하다**에 **-ㄴ 후**가 붙은 形. **갈 거예요**는, **가다** (行く)에 **-ㄹ 거예요**가 붙은 形.　698 **그건**은 **그거는**의 縮約形.　699 **더우니까**는, ㅂ変則의 **덥다** (暑い)에 **-으니까**가 붙은 形.　700 **갈**은 **가다** (行く)의 未来連体形. **뭘**은 **뭐를**의 縮約形. **준비하면 되지요?**는, **준비하다**에 **-면 되지요?**가 붙은 形.　701 **지각한**은 **지각하다**의 過去連体 ↗

| | | DATE 年 月 日 |
| | | DATE 年 月 日 |

文	대학을 **졸업한** 후에 일본에 갈 거예요. _{대하글 조러판 일보네 갈 꺼에요}	大学を卒業した後に、日本に行く予定です。
補	그건 내 **잘못**이 아니에요. _{잘모시}	それは私のミスではありません。
文 活	날씨가 더우니까 **주의하세요**. _{주이하세요}	暑いから気を付けてください。
文 補	등산 갈 때 뭘 **준비하면** 되지요?	登山に行く時、何を準備すればいいですか？
文	한 번도 **지각한** 일이 없어요. _{지가칸 니리 업써요}	一度も遅刻したことがありません。
	선생님의 **지도**가 필요해요. _{선생니메 피료해요}	先生の指導が必要です。
	여기까지 **질문** 있으세요? _{이쓰세요}	ここまで質問ございますか？
文	몇 시에 **출발하는** 버스를 타려고요? _{멷 씨에 출바라는}	何時に出発するバスに乗ろうと思ってますか？
	이것 좀 **프린트해** 주세요. _{이걷}	これをプリントしてください。
文	**필요한** 물건이 있으면 찾아 드릴게요. _{피료한 물거니 이쓰면 차자 드릴께요}	必要な物があればお探しします。
	머리 모양이 좀 **이상하지** 않아요? _{아나요}	髪形がちょっとおかしくないですか？
文	**회의**에서 말한 것처럼 준비합시다. _{회이에서 마란 걷처럼 준비합씨다}	会議で言った通り準備しましょう。

形。지각한 일이는, [지가칸 니리]と発音 (激音化、ㄴ挿入)。 704 **출발하는**は**출발하다**の現在連体形。**타려고요?**は、**타다** (乗る) に-**려고요?**が付いた形。 706 **필요한**は**필요하다**の現在連体形。**찾아 드릴게요**は、**찾다** (探す) に-**아 드리다**、-**ㄹ게요**が付いた形。 708 **말한**は**말하다** (言う) の過去連体形。

4級_26日目 動詞 04 [TR080]

709 느끼다
感じる、(心に) 思う

710 듣다 [듣따]
聞く
活 ㄷ変則 　対 말하다 話す 　関 들리다 聞こえる

711 알아듣다 [아라듣따]
理解する、納得する、聞き取る
活 ㄷ変則

712 통하다
通じる 　漢 通--
活 하다用言

713 되다
なる、よい、できる (出来上がる)

714 묻다 [묻따]
尋ねる、問う
活 ㄷ変則 　類 질문하다

715 외우다
覚える、暗記する、暗唱する
類 기억하다 　対 잊다 忘れる

716 잊어버리다 [이저버리다]
忘れてしまう、ど忘れする
類 잊다 　対 외우다 覚える

717 늘다
伸びる、増える、上達する、うまくなる
活 ㄹ語幹

718 맞다 [맏따]
合う、正しい、一致する、合っている
関 맞추다 合わせる、当てる

719 맞추다 [맏추다]
合わせる、一致させる、あつらえる
関 맞다 合う

720 틀리다
間違う、違う
関 맞다 合っている

解説 710 들어요は、ㄷ変則の듣다に-어요が付いた形。　711 빠르니까는、빠르다 (速い) に -니까が付いた形。 못 알아듣겠어요は、[모 다라듣께써요]と発音 (単語間の連音化)。 713 되었네요は、되다に-었네요が付いた形。　714 물었어요は、ㄷ変則の묻다에-었어요 が付いた形。715 못 외우겠어요는、[모 되우게써요]と発音 (単語間の連音化)。

그 영화를 보고 감동을 **느꼈어요**. 느껴써요	その映画を見て感動しました。
語 한국이 좋아서 한국 음악을 **들어요**. 한구기 조아서 으마글 드러요	韓国が好きで韓国音楽を聴きます。
文 말이 빠르니까 전혀 못 **알아듣겠어요**. 마리 저녀 모 다라듣께써요	早口なので全然聞き取れません。
그 사람한테는 제 말이 안 **통해요**. 사라만테는 마리	あの人には私の言うことが通じません。
文 벌써 점심 시간이 **되었네요**. 시가니 되언네요	もうお昼の時間になりましたね。
活 그때 오빠가 이렇게 **물었어요**. 이러케 무러써요	その時、お兄さんがこう尋ねました。
너무 길어서 못 **외우겠어요**. 기러서 모 되우게써요	長すぎて覚えられません。
文 숙제하는 것을 **잊어버리고** 있었어요. 숙쩨하는 거슬 이저버리고 이써써요	宿題するのを忘れていました。
文 한국어가 많이 **늘었네요**. 한구거가 마니 느런네요	韓国語がだいぶ伸びましたね。
文補 말의 앞뒤가 안 **맞잖아요**? 마레 압뛰가 맏짜나요	話のつじつまが合わないじゃないですか？
너무 좋아해서 눈도 **맞추지** 못했어요. 조아해서 맏추지 모태써요	好きすぎて目も合わせられなかったです。
공부를 안 해서 문제를 많이 **틀렸어요**. 아 내서 마니 틀려써요	勉強をしていなくて、問題をたくさん間違えました。

716 **숙제하는**は**숙제하다**（宿題をする）の現在連体形。 717 **늘었네요**は、**늘다**に-**었네요**が付いた形。 718 **맞잖아요?**は、**맞다**に-**잖아요?**が付いた形。**앞뒤가 안 맞다**で「つじつまが合わない」という意味。

4級_27日目 動詞 05　　　[TR081]

721	**늦다**² [늗따]	遅れる 類 지각하다
722	**걸다**	かける、ぶら下げる、(電話、賞金などを) かける 活 ㄹ語幹　関 걸리다 かかる
723	**들다**²	持つ、持ち上げる、食べる 活 ㄹ語幹　対 두다 置く　関 드시다 召し上がる
724	**버리다**	捨てる
725	**잡다** [잡따]	つかむ、握る、捕まえる 対 놓다 (手を)放す
726	**끊다** [끈타]	切る、断つ
727	**두다**	置く 類 놓다　対 들다 持ち上げる
728	**끄다**	(火・明かりを) 消す、(スイッチなどを) 切る 活 으語幹　対 켜다 つける
729	**켜다**	(火・明かりを) つける、(スイッチなどを) つける 対 끄다 消す
730	**붙이다** [부치다]	付ける、張り付ける、(習慣などを) 身に付ける 関 붙다 付く
731	**붙다** [붇따]	付く、くっつく、(試験などに) 合格する 関 붙이다 付ける
732	**떨어지다** [떠러지다]	落ちる、離れる、尽きる

解説　721 ~엔は~에는の縮約形。　723 다치니까는、다치다 (けがをする) に-니까が付いた形。무거운은 ㅂ変則の무겁다 (重い) の現在連体形。　724 이건은이거는の縮約形。버리면 돼요?는、버리다に-면 돼요?が付いた形。　725 무서우면은、ㅂ変則の무섭다 (怖い) に-으면が付いた形。　726 기다리십시오는、기다리다 (待つ) に-십시오が付いた形。

| | DATE 年 月 日 |
| | DATE 年 月 日 |

補 다음엔 절대로 **늦지** 마세요. 　다으멘　절때로　늗찌	次は絶対遅れないでください。
지금 전화 **걸어** 볼까요? 　　　저놔　거러	今、電話かけてみましょうか?
文活 다치니까 무거운 물건을 **들지** 마세요. 　　　　　　　　물거늘	けがするから重い物を持たないでください。
補文 이건 어디에 **버리면** 돼요?	これはどこに捨てればいいですか?
文活 무서우면 내 손을 **잡으세요**. 　　　　　소늘　자브세요	怖かったら私の手を握ってください。
文 전화 **끊지** 말고 기다리십시오. 　저놔　끈치　　　기다리십씨오	電話を切らずにお待ちください。
가방을 여기 **두지** 마세요.	かばんをここに置かないでください。
文 이제 잘 시간이니까 불 **끄세요**. 　　　잘 씨가니니까	もう寝る時間だから電気を消してください。
文活 어두우니까 불 좀 **켜** 주세요.	暗いから電気をつけてください。
文 편지에 우표를 **붙인** 다음에 보내세요. 　　　　　　　부친　다으메	手紙に切手を貼ってから送ってください。
文 얼굴에 뭐 **붙어** 있네요? 　얼구레　부터　인네요	顔に何かついてますね?
文 열심히 했지만 시험에 **떨어졌어요**. 　열씨미　핻찌만　시허메　떠러저써요	頑張ったけど、試験に落ちました。

728 잘은 **자다** (寝る) の未来連体形。～**이니까**は、～**이다** (～である) に-**니까**が付いた形。　729 어두우니까는、ㅂ変則の어둡다 (暗い) に-**으니까**が付いた形。　730 **붙인** 다음에는、**붙이다**に-ㄴ 다음에が付いた形。**붙인**は、[부친]と発音 (口蓋音化)。　731 **붙어** 있네요는、**붙다**に-어 있다、-네요が付いた形。　732 **했지만**은、**하다**に-**었지만**が付いた形。

4級_28日目　副詞 02　　[TR082]

733	**일찍**	早く 類 빨리
734	**우선**	まず、先に、ともかく　漢 于先 類 먼저
735	**어서**	早く、さあ、どうぞ 類 빨리
736	**바로**	真っすぐに、正しく、すぐ
737	**아직**	まだ 対 벌써 もう　関 아직까지 いまだに、아직도 いまだに
738	**아직까지**	いまだに、まだ、今まで 関 아직 まだ
739	**아직도** [아직또]	いまだに、まだ 関 아직 まだ
740	**자꾸**	しきりに、ひっきりなしに、何度も 関 자주 しばしば
741	**자주**	しばしば、しょっちゅう、よく 対 가끔 時折　関 자꾸 しきりに
742	**늘**	いつも、常に 類 언제나　対 가끔 時折
743	**가끔**	時折、たまに、時々 対 언제나 いつも、늘 いつも、자주 しばしば
744	**만일** [마닐]	万一　漢 万一 類 혹시

解説　733 **오셨네요**は、**오다**（来る）に尊敬の**-시-**、**-었네요**が付いた形。　735 **추우니까**は、ㅂ変則の**춥다**（寒い）に**-으니까**が付いた形。　737 この**안 했어요**は、「しませんでした」ではなく「していません」という意味。　739 **덥네요**は、**덥다**（暑い）に**-네요**が付いた形。　740 **한**は**하다**（言う）の過去連体形。　742 **같은**は**같다**（同じだ）の現在連体形。

| | DATE 年 月 日 |
| | DATE 年 月 日 |

文 오늘도 **일찍** 오셨네요. 〔오션네요〕	今日も早くいらっしゃいましたね。
우선 밥부터 먹고 일을 합시다. 〔밥뿌터〕〔먹꼬〕〔이를〕〔합씨다〕	まずご飯を食べてから仕事しましょう。
文活 밖은 추우니까 **어서** 들어오세요. 〔바끈〕 〔드러오세요〕	外は寒いからどうぞお入りください。
이 길로 **바로** 가면 은행이 나와요. 〔으냉이〕	この道を真っすぐ行くと銀行が現れます。
補 결혼은 **아직** 안 했어요. 〔겨로는〕〔아 내써요〕	結婚はまだしてません。
아직까지 집에 안 갔어요? 〔지베〕〔가써요〕	まだ家に帰っていないのですか?
文 **아직도** 날씨가 덥네요. 〔아직또〕〔덤네요〕	いまだに暑いですね。
文 **자꾸** 한 말을 또 하지 마세요. 〔마를〕	何度も言ったことをまた言わないでください。
몸이 아파서 병원에 **자주** 가요. 〔모미〕〔병워네〕	具合が悪くて病院によく行きます。
文 그는 **늘** 같은 버스를 타요. 〔가튼〕	彼はいつも同じバスに乗ります。
文 **가끔** 생각나는 사람이 있어요. 〔생강나는〕〔사라미〕〔이써요〕	たまに思い浮かぶ人がいます。
만일 술 생각 나면 연락 주세요. 〔마닐〕〔생각 나면〕〔열락〕	もし酒が飲みたくなったら連絡ください。

743 **생각나는**は**생각나다** (思い浮かぶ) の現在連体形。

4級_4週目 活用

基本形−ハムニダ体現在−ヘヨ体現在−ヘヨ体過去−ヘヨ体尊敬現在

25日目 [TR083]

□ 697	**졸업하다** 하用	졸업합니다	졸업해요	졸업했어요	졸업하세요
□ 698	**잘못하다** 하用	잘못합니다	잘못해요	잘못했어요	잘못하세요
□ 699	**주의하다** 하用	주의합니다	주의해요	주의했어요	주의하세요
□ 700	**준비하다** 하用	준비합니다	준비해요	준비했어요	준비하세요
□ 701	**지각하다** 하用	지각합니다	지각해요	지각했어요	지각하세요
□ 702	**지도하다** 하用	지도합니다	지도해요	지도했어요	지도하세요
□ 703	**질문하다** 하用	질문합니다	질문해요	질문했어요	질문하세요
□ 704	**출발하다** 하用	출발합니다	출발해요	출발했어요	출발하세요
□ 705	**프린트하다** 하用	프린트합니다	프린트해요	프린트했어요	프린트하세요
□ 706	**필요하다** 하用	필요합니다	필요해요	필요했어요	필요하세요
□ 707	**이상하다** 하用	이상합니다	이상해요	이상했어요	이상하세요
□ 708	**회의하다** 하用	회의합니다	회의해요	회의했어요	회의하세요

26日目 [TR084]

□ 709	**느끼다**	느낍니다	느껴요	느꼈어요	느끼세요
□ 710	**듣다** ㄷ変	듣습니다	들어요	들었어요	들으세요
□ 711	**알아듣다** ㄷ変	알아듣습니다	알아들어요	알아들었어요	알아들으세요
□ 712	**통하다** 하用	통합니다	통해요	통했어요	통하세요
□ 713	**되다**	됩니다	돼요	됐어요	되세요
□ 714	**묻다** ㄷ変	묻습니다	물어요	물었어요	물으세요

入門・初級レベルで最もよく使われる活用形を掲載しました。活用が正則でない場合は、基本形の横に変則活用の種類をアイコンで示しました (アイコンの見方はP.006参照)。

☐ 715	외우다	외웁니다	외워요	외웠어요	외우세요
☐ 716	잊어버리다	잊어버립니다	잊어버려요	잊어버렸어요	잊어버리세요
☐ 717	늘다 ㄹ語幹	늡니다	늘어요	늘었어요	느세요
☐ 718	맞다	맞습니다	맞아요	맞았어요	맞으세요
☐ 719	맞추다	맞춥니다	맞춰요	맞췄어요	맞추세요
☐ 720	틀리다	틀립니다	틀려요	틀렸어요	틀리세요

27日目 [TR085]

☐ 721	늦다²	늦습니다	늦어요	늦었어요	늦으세요
☐ 722	걸다 ㄹ語幹	겁니다	걸어요	걸었어요	거세요
☐ 723	들다² ㄹ語幹	듭니다	들어요	들었어요	드세요
☐ 724	버리다	버립니다	버려요	버렸어요	버리세요
☐ 725	잡다	잡습니다	잡아요	잡았어요	잡으세요
☐ 726	끊다	끊습니다	끊어요	끊었어요	끊으세요
☐ 727	두다	둡니다	둬요	뒀어요	두세요
☐ 728	끄다 ㅇ語幹	끕니다	꺼요	껐어요	끄세요
☐ 729	켜다	켭니다	켜요	켰어요	켜세요
☐ 730	붙이다	붙입니다	붙여요	붙였어요	붙이세요
☐ 731	붙다	붙습니다	붙어요	붙었어요	붙으세요
☐ 732	떨어지다	떨어집니다	떨어져요	떨어졌어요	떨어지세요

4級_4週目 チェック1 韓国語 ▶ 日本語

- [ ] 661 동물
- [ ] 662 물고기
- [ ] 663 새해
- [ ] 664 달력
- [ ] 665 휴가
- [ ] 666 방학
- [ ] 667 날
- [ ] 668 날짜
- [ ] 669 지난해
- [ ] 670 다음 해
- [ ] 671 반년
- [ ] 672 반달
- [ ] 673 그제
- [ ] 674 그저께
- [ ] 675 어저께
- [ ] 676 옛날
- [ ] 677 이달
- [ ] 678 이날
- [ ] 679 그날
- [ ] 680 때
- [ ] 681 이때
- [ ] 682 그때
- [ ] 683 하루
- [ ] 684 하룻밤
- [ ] 685 이틀
- [ ] 686 며칠
- [ ] 687 지난번
- [ ] 688 오래간만
- [ ] 689 전
- [ ] 690 이전
- [ ] 691 이후
- [ ] 692 마지막
- [ ] 693 부엌
- [ ] 694 젓가락
- [ ] 695 숟가락
- [ ] 696 칼
- [ ] 697 졸업
- [ ] 698 잘못
- [ ] 699 주의
- [ ] 700 준비
- [ ] 701 지각
- [ ] 702 지도²

次の韓国語の訳を書いてみましょう。分からなかった単語は、前に戻ってもう一度覚えましょう。

- [ ] 703 **질문**
- [ ] 704 **출발**
- [ ] 705 **프린트**
- [ ] 706 **필요**
- [ ] 707 **이상**[2]
- [ ] 708 **회의**
- [ ] 709 **느끼다**
- [ ] 710 **듣다**
- [ ] 711 **알아듣다**
- [ ] 712 **통하다**
- [ ] 713 **되다**
- [ ] 714 **묻다**
- [ ] 715 **외우다**
- [ ] 716 **잊어버리다**
- [ ] 717 **늘다**
- [ ] 718 **맞다**
- [ ] 719 **맞추다**
- [ ] 720 **틀리다**
- [ ] 721 **늦다**[2]
- [ ] 722 **걸다**
- [ ] 723 **들다**[2]
- [ ] 724 **버리다**
- [ ] 725 **잡다**
- [ ] 726 **끊다**
- [ ] 727 **두다**
- [ ] 728 **끄다**
- [ ] 729 **켜다**
- [ ] 730 **붙이다**
- [ ] 731 **붙다**
- [ ] 732 **떨어지다**
- [ ] 733 **일찍**
- [ ] 734 **우선**
- [ ] 735 **어서**
- [ ] 736 **바로**
- [ ] 737 **아직**
- [ ] 738 **아직까지**
- [ ] 739 **아직도**
- [ ] 740 **자꾸**
- [ ] 741 **자주**
- [ ] 742 **늘**
- [ ] 743 **가끔**
- [ ] 744 **만일**

4級_4週目 チェック2 日本語▶韓国語

- ☐ 661 動物
- ☐ 662 魚
- ☐ 663 新年
- ☐ 664 カレンダー
- ☐ 665 休暇
- ☐ 666 学期休み
- ☐ 667 日
- ☐ 668 日にち
- ☐ 669 昨年
- ☐ 670 来年
- ☐ 671 半年
- ☐ 672 半月（はんつき）
- ☐ 673 おととい
- ☐ 674 おととい
- ☐ 675 昨日
- ☐ 676 昔
- ☐ 677 今月
- ☐ 678 この日
- ☐ 679 その日
- ☐ 680 時
- ☐ 681 この時
- ☐ 682 その時
- ☐ 683 1日
- ☐ 684 一晩
- ☐ 685 二日
- ☐ 686 何日
- ☐ 687 前回
- ☐ 688 久しぶり
- ☐ 689 前
- ☐ 690 以前
- ☐ 691 以後
- ☐ 692 最後
- ☐ 693 台所
- ☐ 694 箸
- ☐ 695 スプーン
- ☐ 696 刃物
- ☐ 697 卒業
- ☐ 698 間違い
- ☐ 699 注意
- ☐ 700 準備
- ☐ 701 遅刻
- ☐ 702 指導

次の日本語に該当する単語を書いてみましょう。分からなかった単語は、前に戻ってもう一度覚えましょう。

- ☐ 703 質問
- ☐ 704 出発
- ☐ 705 プリント
- ☐ 706 必要
- ☐ 707 変であること
- ☐ 708 会議
- ☐ 709 感じる
- ☐ 710 聞く
- ☐ 711 理解する
- ☐ 712 通じる
- ☐ 713 なる
- ☐ 714 尋ねる
- ☐ 715 覚える
- ☐ 716 忘れてしまう
- ☐ 717 伸びる
- ☐ 718 合う
- ☐ 719 合わせる
- ☐ 720 間違う
- ☐ 721 遅れる
- ☐ 722 かける
- ☐ 723 持つ
- ☐ 724 捨てる
- ☐ 725 つかむ
- ☐ 726 切る
- ☐ 727 置く
- ☐ 728 (火・明かりを) 消す
- ☐ 729 (火・明かりを) つける
- ☐ 730 付ける
- ☐ 731 付く
- ☐ 732 落ちる
- ☐ 733 早く
- ☐ 734 まず
- ☐ 735 早く
- ☐ 736 真っすぐに
- ☐ 737 まだ
- ☐ 738 いまだに
- ☐ 739 いまだに
- ☐ 740 しきりに
- ☐ 741 しばしば
- ☐ 742 いつも
- ☐ 743 時折
- ☐ 744 万一

4級_4週目 チャレンジ

01 また遅刻しました。

02 午後から会議があります。

03 質問してもいいですか?

04 これが最後です。

05 先月、学校を卒業しました。

06 2日過ぎても連絡がありません。

07 前回会いましたよね?

08 お箸はありますか?

09 覚えた単語を忘れてしまいました。

10 体に合わせて服を作りました。

4週目で学んだ単語を使って韓国語の作文をしてみましょう。

11　この本には CD が付いています。

12　まだ終わっていません。

13　動物を見に行きたいです。

14　かばんを持って出掛けました。

15　明かりを消してください。

16　早く出発しましょう。

17　昨日は早く寝ました。

18　よく聞き取れませんでした。

19　変な音がします。

20　学校が終わったら真っすぐ来てください。

» 解答は P.285

4級_4週目 文法項目

4週目で新たに出てきた文法項目を確認しましょう。右の列の数字は掲載番号です。

» 語尾・表現

-아/-어/-여 두다	～しておく	664
-잖아요	～じゃないですか	675 / 718
-아/-어/-여 가다	～していく	680
-기 때문에	～するので・なので	689
-아/-어/-여 본 적이 있다	～したことがある	690
-ㄴ/-은 후	～した後	697
-지 못하다	～できない	719
-십시오/-으십시오	～してください	726
-ㄴ/-은 다음에	～した後で	730

4級

5週目

☐ 名詞15	▶ 236
☐ 名詞16	▶ 238
☐ 名詞17	▶ 240
☐ 名詞18	▶ 242
☐ 動詞06	▶ 244
☐ 動詞07	▶ 246
☐ 副詞03	▶ 248
活用	▶ 250
チェック1	▶ 252
チェック2	▶ 254
チャレンジ	▶ 256
文法項目	▶ 258

4級_29日目 名詞 15 [TR086]

#	韓国語	意味
745	그릇 [그륻]	器、〜皿
746	접시 [접씨]	皿
747	병2	瓶、〜本 漢 瓶
748	맥주 [맥쭈]	ビール 漢 麦酒
749	찬물	冷たい水 対 더운물 湯
750	더운물	湯 対 찬물 冷たい水
751	콜라	コーラ 外 cola
752	홍차	紅茶 漢 紅茶
753	음료수 [음뇨수]	飲料水、ソフトドリンク 漢 飲料水 類 주스
754	카페	カフェ 外 café 類 커피숍
755	과자	菓子 漢 菓子
756	케이크	ケーキ 外 cake

解説　745 먹은は먹다 (食べる) の過去連体形。　746 만든はㄹ語幹の만들다 (作る) の過去連体形。　747 갖다 주세요は、가지다 (持つ) に-어다 주세요が付いた가져다 주세요の縮約形。　749 더우면は、ㅂ変則の덥다 (暑い) に-으면が付いた形。　750 추우니까は、ㅂ変則の춥다 (寒い) に-으니까が付いた形。　751 마시니까は、마시다 (飲む) に-니까が ↗

文 다 먹은 **그릇** 좀 씻어 주세요.	食べ終わった食器を洗ってください。
文活 다 만든 음식은 **접시**에 올려 주세요.	作り終わった料理は皿に盛ってください。
文 소주 한 **병** 갖다 주세요.	焼酎1本、（持ってきて）ください。
목욕 후 **맥주**는 너무 맛있어요.	お風呂の後のビールはとてもおいしいです。
文活 더우면 **찬물**을 마셔요.	暑かったら冷たい水を飲んでください。
文活 추우니까 **더운물** 좀 주세요.	寒いからお湯を下さい。
文 술은 못 마시니까 **콜라** 주세요.	お酒は飲めないからコーラ下さい。
補 전 **홍차**에 설탕을 넣지 않고 마셔요.	私は紅茶に砂糖を入れずに飲みます。
補 **음료수**는 뭘 드시겠어요?	お飲み物は何になさいますか？
카페에 들어가서 이야기합시다.	カフェに入って話しましょう。
文 좋아하는 **과자**가 뭐예요?	好きなお菓子は何ですか？
생일 축하 **케이크**를 사 왔습니다.	誕生日のお祝いケーキを買ってきました。

付いた形。 752 **전**は**저는**の縮約形。 753 **뭘**は**뭐를**の縮約形。 755 **좋아하는**は**좋아하다**（好きだ）の現在連体形。

4級_30日目 名詞16　　　[TR087]

757	**점심**	昼食　漢 点心
758	**도시락**	弁当
759	**반찬**	おかず　漢 飯饌 関 밥 ご飯
760	**라면**	ラーメン
761	**갈비탕**	カルビスープ　漢 --湯
762	**김밥** [김빱]	のり巻き
763	**찌개**	チゲ、鍋料理
764	**갈비**	あばら骨、カルビ (骨付きあばら肉)
765	**쌀**	米
766	**떡**	餅
767	**두부**	豆腐　漢 豆腐
768	**야채**	野菜　漢 野菜 関 고기 肉

解説　758 갈は가다 (行く) の未来連体形。　759 맛있는は맛있다 (おいしい) の現在連体形。761 좋아하는は좋아하다 (好きだ) の現在連体形。　762 김밥は、[김빱]と発音 (合成語の濃音化)。　765 만든はㄹ語幹の만들다 (作る) の過去連体形。　766 들어가는は들어가다 (入る) の現在連体形。　768 먹을は먹다 (食べる) の未来連体形。같이は、[가

너무 바빠서 **점심**도 못 먹었어요. [몬 머거써요]	忙しすぎてお昼も食べられませんでした。
文 산에 갈 때 **도시락**을 가지고 갑시다. [사네] [도시라글] [갑씨다]	山に行く時、お弁当を持って行きましょう。
文 이렇게 맛있는 **반찬**은 어디서 팔아요? [이러케] [마신는] [반차는] [파라요]	こんなにおいしいおかずは一体どこで売っているんですか？
맛있어서 **라면** 국물까지 다 마셨어요. [마시써서] [궁물까지] [마셔써요]	おいしくて、ラーメンの汁まで全部飲みました。
文 좋아하는 한국 음식은 **갈비탕**이에요. [조아하는] [한구 금시근]	好きな韓国料理はカルビスープです。
아주머니, **김밥** 하나 주세요. [김빱]	おばさん、のり巻き一つ下さい。
찌개가 좀 짜지 않아요? [아나요]	チゲがちょっとしょっぱくないですか？
이 가게는 **갈비**가 맛있어요. [마시써요]	この店はカルビがおいしいです。
文/活 **쌀**로 만든 과자를 좋아해요. [조아해요]	米で作ったお菓子が好きです。
文 **떡**이 들어가는 요리 중에 뭐를 좋아해요? [떠기] [드러가는] [조아해요]	餅が入っている料理の中で何が好きですか？
두부를 어떻게 집에서 만들어요? [어떠케] [지베서] [만드러요]	豆腐をどうやって家で作りますか？
文 고기를 먹을 때 **야채**도 같이 드세요. [머글] [가치]	肉を食べる時、野菜も一緒に召し上がってください。

치]と発音（口蓋音化）。

4級_31日目 名詞 17　　[TR088]

769	**배추**	白菜
770	**파**	ネギ
771	**무**	大根
772	**오이**	キュウリ
773	**토마토**	トマト　外 tomato
774	**귤**	ミカン　漢 橘
775	**달걀**	(ニワトリの) 卵
776	**김**	のり
777	**고춧가루** [고춘까루]	唐辛子粉
778	**고추장**	唐辛子みそ、コチュジャン　漢 --醤
779	**이마**	額
780	**이**²	歯

解説　771 쓴は쓰다 (使う) の過去連体形。　772 더운はㅂ変則の덥다 (暑い) の現在連体形。 773 좋은は좋다 (いい) の現在連体形。좋은 야채は、[조은 냐채]と発音 (ㄴ挿入)。 774 ～이라서は、～이다 (～である) に-라서が付いた形。　775 있는は있다の現在連体形。　776 온は오다 (来る) の過去連体形。　777 전は저는の縮約形。　778 사 왔어 ↗

배추로 김치를 처음으로 만들었어요. 　　　　　　　처으므로　　　만드러써요	白菜でキムチを初めて作りました。
라면에 **파**를 넣으면 더 맛있어요. 라며네　　　　너으면　　　마시써요	ラーメンにネギを入れるともっとおいしいです。
무를 쓴 요리는 여름에 잘 어울려요. 　　　　　　　　여르메	大根を使った料理は夏によく合います。
더운 날씨에는 **오이** 요리가 좋아요. 　　　　　　　　　　　　조아요	暑い時はキュウリの料理がいいです。
토마토는 몸에 좋은 야채예요. 　　　　모메　　조은 냐채에요	トマトは体にいい野菜です。
겨울이라서 **귤**이 먹고 싶어요. 겨우리라서　규리　먹꼬　시퍼요	冬なのでミカンが食べたいです。
부엌에 있는 **달걀** 좀 가져오세요. 부어케　인는　　　　가저오세요	キッチンにある卵を取ってきてください。
한국에 여행 온 사람은 **김**을 많이 사요. 한구게　　　　　사라믄　기믈　마니	韓国に旅行に来た人はのりをたくさん買います。
전 일본 음식에도 **고춧가루**를 넣어요. 　일보 늠시게도　　고춛까루를　너어요	私は日本料理にも唐辛子粉を入れます。
고추장이 없어서 사 왔어요. 　　　　업써서　　　와써요	コチュジャンがなかったので買って来ました。
이마가 넓어서 모자를 써요. 　　　널버서　　　　써요	額が広いので帽子をかぶります。
이가 아파서 병원에 가려고 해요. 　　　　　　병워네	歯が痛いので病院に行こうと思ってます。

요는、**사다** (買う) に -**아 왔어요**が付いた形。 780 **가려고 해요**は、**가다** (行く) に -**려고 해요**が付いた形。

名詞 18

781	목	喉、首
782	목소리 [목쏘리]	声 関 소리 音、声
783	어깨	肩
784	등	背中 対 배 腹
785	손가락 [손까락]	手の指
786	피	血
787	눈물	涙
788	콧물 [콘물]	鼻水
789	땀	汗
790	힘	力
791	냄새	におい
792	모양	形、格好、(連体形に付いて) 〜らしい　漢 模様

解説　784 넓은は넓다 (広い) の現在連体形。　785 〜지만は、〜이다 (〜である) に-지만が付いた形。손가락이は、[손까라기]と発音 (合成語の濃音化)。예쁘네요は、예쁘다 (きれいだ) に-네요が付いた形。　787 슬픈は슬프다 (悲しい) の現在連体形。슬픈 영화は、[슬픈 녕화]と発音 (ㄴ挿入)。　789 더워서は、ㅂ変則の덥다 (暑い) に-어서が付いた形。

	DATE　　年　　月　　日
	DATE　　年　　月　　日

감기에 걸려서 **목**이 아파요. _{모기}	風邪をひいて喉が痛いです。
목소리가 작아서 잘 안 들려요. _{목쏘리가　　자가서}	声が小さくてよく聞こえません。
컴퓨터를 많이 해서 **어깨**가 아파요. _{마니}	パソコンを使いすぎて肩が痛いです。
文 **등**이 넓은 남자가 좋아요. _{널븐　　　　조아요}	背中が広い男の人が好きです。
文 남자지만 **손가락**이 참 예쁘네요. _{손까라기}	男の人だけど指がとてもきれいですね。
다리를 다쳐서 **피**가 나요. _{다처서}	足をけがして血が出ています。
文 슬픈 영화를 보면 **눈물**이 나요. _{슬픈 녕화를　　　눈무리}	悲しい映画を見ると涙が出ます。
감기에 걸려서 **콧물**이 자꾸 나와요. _{콘무리}	風邪をひいて鼻水がしきりに出ます。
文 活 더워서 자꾸 **땀**이 나네요. _{따미}	暑くてずっと汗が出ますね。
그 사람만 보면 **힘**이 나요. _{히미}	その人に会うだけで元気になります。
文 아까부터 자꾸 이상한 **냄새**가 나요.	さっきからずっと変なにおいがします。
文 活 잡지에서 본 거하고 **모양**이 달라요. _{잡찌에서}	雑誌で見たのと形が違います。

나네요は、**나다**（出る）に**-네요**が付いた形。　791　**이상한**は**이상하다**（変だ）の現在連体形。　792
본は**보다**（見る）の過去連体形。**달라요**は、르変則の**다르다**（違う）に**-아요**が付いた形。

4級_33日目 動詞 06 [TR090]

#	見出し	意味
793	**얻다** [얻따]	得る、もらう 対 잃다 失う
794	**잃다** [일타]	失う、なくす、迷う 類 잃어버리다 対 얻다 得る
795	**잃어버리다** [이러버리다]	なくす、失う 類 잃다 関 찾다 探す、見つける
796	**남다** [남따]	残る、余る 関 남기다 残す
797	**남기다**	残す 関 남다 残る
798	**정하다**	定める、決める 漢 定-- 活 하다用言
799	**싸우다**	けんかする、争う、戦う
800	**치다**	打つ、叩く、鳴らす、刈る、摘む、弾く
801	**깎다** [깍따]	削る、刈る
802	**다치다**	けがをする、傷つく、痛める 関 낫다 治る
803	**지키다**	守る、保護する、保つ
804	**낫다** [낟따]	治る、癒える 活 ㅅ変則 関 다치다 けがをする

解説　793 인기は、[인끼]と発音（漢字語の濃音化）。　796 ここの**남았어요**は「残りました」ではなく「残っています」という意味。　798 정한は정하다の過去連体形。정한 일은は、[정한 니른]と発音（ㄴ挿入）。해야 해요は、하다 (する) に-어야 하다が付いた形。　799 싸우지만は、싸우다に-지만が付いた形。　801 깎아 드릴까요?は、깎다に-아 드리다、

요즘은 이 노래가 인기를 **얻고** 있어요.	最近はこの歌が人気を得ています。
게임으로 돈을 **잃었어요**.	ゲームでお金を失いました。
지갑을 **잃어버렸어요**.	財布をなくしました。
補 다 떠나고 나 혼자 **남았어요**.	みんな離れて、私一人だけ残っています。
아무도 없어서 편지를 **남기고** 왔어요.	誰もいないので手紙を残してきました。
文 자기가 **정한** 일은 끝까지 해야 해요.	自分が決めたことは最後までやらなければいけません。
文 동생과 매일 **싸우지만** 사이는 좋아요.	弟／妹と毎日けんかするけど、仲はいいです。
저 야구 선수는 공을 잘 **쳐요**.	あの野球選手はボールを打つのが得意です（うまく打ちます）。
文 배라도 **깎아** 드릴까요?	梨でもむいてあげましょうか?
文 나무에서 떨어져 **다쳤어요**.	木から落ちてけがしました。
왜 매번 약속을 잘 안 **지켜요**?	なぜ毎度約束をちゃんと守らないのですか?
活 약을 먹어서 이제 다 **나았어요**.	薬を飲んだので、もうすっかり治りました。

-ㄹ까요?が付いた形。 802 **떨어져**は、**떨어지다**（落ちる）に-어が付いた形。 804 **나았어요**は、ㅅ変則の**낫다**に-았어요が付いた形。

4級_34日目 動詞 07 　　[TR091]

805	**이기다**	勝つ、打ち勝つ 対 지다 負ける
806	**지다**	負ける、敗れる 対 이기다 勝つ
807	**돌다**	回る、(色、つやなどが) 漂う、出る 活 ㄹ語幹
808	**빌리다**	借りる 対 돌려주다 返す　関 빌려주다 貸す
809	**돌려주다**	返す 対 빌리다 借りる
810	**드리다**	差し上げる、ささげる
811	**마치다**	終える、終わる、済ます 類 끝내다　対 시작하다 始める
812	**끝내다** [끈내다]	終える、済ませる 類 마치다　対 시작하다 始める　関 끝나다 終わる
813	**풀다**	解く、ほどく、外す、鼻をかむ 活 ㄹ語幹
814	**믿다** [믿따]	信じる
815	**놀라다**	驚く
816	**모이다**	集まる 対 헤어지다 別れる　関 모으다 集める

解説　805 이길 거예요は、이기다に-ㄹ 거예요が付いた形。　809 빌린은빌리다 (借りる) の過去連体形。　812 끝낸 다음에는、끝내다に-ㄴ 다음에が付いた形。　813 쉬워서는、ㅂ変則の쉽다 (簡単だ) に-어서が付いた形。　814 되는は되다 (なる) の現在連体形。되는 이야기는、[되는 니야기]と発音 (ㄴ挿入)。　815 결혼한다는は결혼한다고 하는の縮約

文 이번 시합은 우리가 **이길** 거예요.	今度の試合は私たちが勝つでしょう。
연습을 많이 못 해서 시합에서 **졌어요**.	練習があまりできなくて試合で負けました。
잠을 잘 못 자서 머리가 안 **돌아가요**.	あまり眠れなくて頭が回らないです。
집을 사려고 은행에서 돈을 **빌렸어요**.	家を買おうと思って銀行からお金を借りました。
文 그저께 빌린 책을 벌써 **돌려줬어요**.	おととい借りた本をもう返しました。
오랜만에 부모님께 선물을 **드렸어요**.	久しぶりに両親にプレゼントを差し上げました。
일을 **마치고** 친구를 만나러 갔어요.	仕事を終えて、友達に会いに行きました。
文 일을 **끝낸** 다음에 술 마시러 가요.	仕事を終えた後、お酒を飲みに行きます。
文活 시험이 쉬워서 잘 **풀** 수 있었어요.	試験が易しかったので、うまく解けました。
文 말도 안 되는 이야기를 누가 **믿어요**?	あり得ない話を誰が信じますか？
文補 결혼한다는 말을 듣고 **놀랐어요**.	結婚するという話を聞いて驚きました。
文 콘서트에 사람이 많이 **모였네요**.	コンサートに人がたくさん集まりましたね。

形。 816 **모였네요**는、**모이다**に-**였네요**が付いた形。

4級_35日目 副詞 03

[TR092]

817	**혹시** [혹씨]	もしも、万一、もしかして 漢 或是 類 만일
818	**전혀** [저녀]	まったく、全然 漢 全-
819	**꼭**	必ず、きっと、ぎゅっと、ぴったり 類 반드시
820	**반드시**	必ず、絶対、決まって 類 꼭
821	**아마**	おそらく、たぶん 関 아마도 おそらく
822	**가장**	最も、一番、何よりも 類 제일
823	**그냥**	ただ、ありのまま、そのまま
824	**거의** [거이]	ほとんど、ほぼ
825	**겨우**	やっと、ようやく、かろうじて、わずか
826	**무척**	大変、非常に、大層 類 아주、매우
827	**매우**	非常に、とても、大変 類 아주、무척
828	**더욱**	いっそう、さらに 類 더

解説　819 나갈は나가다（出掛ける）の未来連体形。　820 갈 거예요は、가다（行く）に-ㄹ 거예요が付いた形。　821 못 올は、[모 돌]と発音（単語間の連音化）。　822 좋아하는 영화は、[조아하는 녕화]と発音（ㄴ挿入）。　823 그건は그거는の縮約形。먹어도 돼요は、먹다（食べる）に-어도 돼요が付いた形。　824 부른は부르다（呼ぶ）の過去連体形。

혹시 저 애가 수지 씨 딸이에요?	もしかしてあの子がスジさんの娘ですか？
술을 많이 마셔서 **전혀** 기억이 안 나요.	お酒をたくさん飲んだのでまったく覚えていません。
文 나갈 때는 **꼭** 문을 닫고 나가세요.	出掛ける時は必ずドアを閉めて行ってください。
文 이번 겨울에 **반드시** 한국에 갈 거예요.	今年の冬に必ず韓国に行くつもりです。
그 친구는 **아마** 못 올 거예요.	あの人はおそらく来られないでしょう。
가장 좋아하는 영화는 뭐예요?	一番好きな映画は何ですか？
補文 그건 **그냥** 먹어도 돼요.	それはそのまま食べてもいいです。
文 부른 친구들이 **거의** 다 왔어요.	呼んだ人はほぼ全員来ました。
文活 숙제가 너무 어려워서 **겨우** 끝냈어요.	宿題が難しすぎてやっと終えました。
文 제 어머니가 **무척** 좋아하시는 요리거든요.	私の母がとても好きな料理なんですよ。
文 **매우** 맛있는 요리지만 너무 비싸요.	とてもおいしい料理だけど高すぎます。
文 운동을 하니까 **더욱** 배가 고프네요.	運動をしたらさらにおなかがすきますね。

825 **어려워서**는、ㅂ変則の**어렵다**（難しい）に-**어서**が付いた形。 826 **좋아하시는**は、**좋아하다**（好む）に尊敬の-**시**-が付き、現在連体形になった形。～**거든요**は、～**이다**（～である）に-**거든요**が付いた形で、[거든뇨]と発音（ㄴ挿入）。 827 ～**지만**は、～**이다**（～である）に-**지만**が付いた形。 828 **하니까**は、**하다**（する）に-**니까**が付いた形。**고프네요**は、**고프다**（空腹だ）に-**네요**が付いた形。

4級_5週目 活用 基本形−ハムニダ体現在−ヘヨ体現在−ヘヨ体過去−ヘヨ体尊敬現在

33日目 [TR093]

□ 793	**얻다**	얻습니다	얻어요	얻었어요	얻으세요
□ 794	**잃다**	잃습니다	잃어요	잃었어요	잃으세요
□ 795	**잃어버리다**	잃어버립니다	잃어버려요	잃어버렸어요	잃어버리세요
□ 796	**남다**	남습니다	남아요	남았어요	남으세요
□ 797	**남기다**	남깁니다	남겨요	남겼어요	남기세요
□ 798	**정하다** 하用	정합니다	정해요	정했어요	정하세요
□ 799	**싸우다**	싸웁니다	싸워요	싸웠어요	싸우세요
□ 800	**치다**	칩니다	쳐요	쳤어요	치세요
□ 801	**깎다**	깎습니다	깎아요	깎았어요	깎으세요
□ 802	**다치다**	다칩니다	다쳐요	다쳤어요	다치세요
□ 803	**지키다**	지킵니다	지켜요	지켰어요	지키세요
□ 804	**낫다** ㅅ変	낫습니다	나아요	나았어요	나으세요

入門・初級レベルで最もよく使われる活用形を掲載しました。活用が正則でない場合は、基本形の横に変則活用の種類をアイコンで示しました（アイコンの見方はP.006参照）。

34日目　[TR094]

☐ 805 **이기다**	이깁니다	이겨요	이겼어요	이기세요
☐ 806 **지다**	집니다	져요	졌어요	지세요
☐ 807 **돌다** ㄹ語幹	돕니다	돌아요	돌았어요	도세요
☐ 808 **빌리다**	빌립니다	빌려요	빌렸어요	빌리세요
☐ 809 **돌려주다**	돌려줍니다	돌려줘요	돌려줬어요	돌려주세요
☐ 810 **드리다**	드립니다	드려요	드렸어요	드리세요
☐ 811 **마치다**	마칩니다	마쳐요	마쳤어요	마치세요
☐ 812 **끝내다**	끝냅니다	끝내요	끝냈어요	끝내세요
☐ 813 **풀다** ㄹ語幹	풉니다	풀어요	풀었어요	푸세요
☐ 814 **믿다**	믿습니다	믿어요	믿었어요	믿으세요
☐ 815 **놀라다**	놀랍니다	놀라요	놀랐어요	놀라세요
☐ 816 **모이다**	모입니다	모여요	모였어요	모이세요

4級_5週目 チェック1 韓国語 ▶ 日本語

- ☐ 745 **그릇**
- ☐ 746 **접시**
- ☐ 747 **병**²
- ☐ 748 **맥주**
- ☐ 749 **찬물**
- ☐ 750 **더운물**
- ☐ 751 **콜라**
- ☐ 752 **홍차**
- ☐ 753 **음료수**
- ☐ 754 **카페**
- ☐ 755 **과자**
- ☐ 756 **케이크**
- ☐ 757 **점심**
- ☐ 758 **도시락**
- ☐ 759 **반찬**
- ☐ 760 **라면**
- ☐ 761 **갈비탕**
- ☐ 762 **김밥**
- ☐ 763 **찌개**
- ☐ 764 **갈비**
- ☐ 765 **쌀**
- ☐ 766 **떡**
- ☐ 767 **두부**
- ☐ 768 **야채**
- ☐ 769 **배추**
- ☐ 770 **파**
- ☐ 771 **무**
- ☐ 772 **오이**
- ☐ 773 **토마토**
- ☐ 774 **귤**
- ☐ 775 **달걀**
- ☐ 776 **김**
- ☐ 777 **고춧가루**
- ☐ 778 **고추장**
- ☐ 779 **이마**
- ☐ 780 **이**²
- ☐ 781 **목**
- ☐ 782 **목소리**
- ☐ 783 **어깨**
- ☐ 784 **등**
- ☐ 785 **손가락**
- ☐ 786 **피**

次の韓国語の訳を書いてみましょう。分からなかった単語は、前に戻ってもう一度覚えましょう。

- [ ] 787 눈물
- [ ] 788 콧물
- [ ] 789 땀
- [ ] 790 힘
- [ ] 791 냄새
- [ ] 792 모양
- [ ] 793 얻다
- [ ] 794 잃다
- [ ] 795 잃어버리다
- [ ] 796 남다
- [ ] 797 남기다
- [ ] 798 정하다
- [ ] 799 싸우다
- [ ] 800 치다
- [ ] 801 깎다
- [ ] 802 다치다
- [ ] 803 지키다
- [ ] 804 낫다
- [ ] 805 이기다
- [ ] 806 지다
- [ ] 807 돌다
- [ ] 808 빌리다
- [ ] 809 돌려주다
- [ ] 810 드리다
- [ ] 811 마치다
- [ ] 812 끝내다
- [ ] 813 풀다
- [ ] 814 믿다
- [ ] 815 놀라다
- [ ] 816 모이다
- [ ] 817 혹시
- [ ] 818 전혀
- [ ] 819 꼭
- [ ] 820 반드시
- [ ] 821 아마
- [ ] 822 가장
- [ ] 823 그냥
- [ ] 824 거의
- [ ] 825 겨우
- [ ] 826 무척
- [ ] 827 매우
- [ ] 828 더욱

4級_5週目 チェック2 日本語▶韓国語

- ☐ 745 器
- ☐ 746 皿
- ☐ 747 瓶
- ☐ 748 ビール
- ☐ 749 冷たい水
- ☐ 750 湯
- ☐ 751 コーラ
- ☐ 752 紅茶
- ☐ 753 飲料水
- ☐ 754 カフェ
- ☐ 755 菓子
- ☐ 756 ケーキ
- ☐ 757 昼食
- ☐ 758 弁当
- ☐ 759 おかず
- ☐ 760 ラーメン
- ☐ 761 カルビスープ
- ☐ 762 のり巻き
- ☐ 763 チゲ
- ☐ 764 あばら骨
- ☐ 765 米
- ☐ 766 餅
- ☐ 767 豆腐
- ☐ 768 野菜
- ☐ 769 白菜
- ☐ 770 ネギ
- ☐ 771 大根
- ☐ 772 キュウリ
- ☐ 773 トマト
- ☐ 774 ミカン
- ☐ 775 (ニワトリの) 卵
- ☐ 776 のり
- ☐ 777 唐辛子粉
- ☐ 778 唐辛子みそ
- ☐ 779 額
- ☐ 780 歯
- ☐ 781 喉
- ☐ 782 声
- ☐ 783 肩
- ☐ 784 背中
- ☐ 785 手の指
- ☐ 786 血

次の日本語に該当する単語を書いてみましょう。分からなかった単語は、前に戻ってもう一度覚えましょう。

- [ ] 787 涙
- [ ] 788 鼻水
- [ ] 789 汗
- [ ] 790 力
- [ ] 791 におい
- [ ] 792 形
- [ ] 793 得る
- [ ] 794 失う
- [ ] 795 なくす
- [ ] 796 残る
- [ ] 797 残す
- [ ] 798 定める
- [ ] 799 けんかする
- [ ] 800 打つ
- [ ] 801 削る
- [ ] 802 けがをする
- [ ] 803 守る
- [ ] 804 治る
- [ ] 805 勝つ
- [ ] 806 負ける
- [ ] 807 回る
- [ ] 808 借りる
- [ ] 809 返す
- [ ] 810 差し上げる
- [ ] 811 終える
- [ ] 812 終える
- [ ] 813 解く
- [ ] 814 信じる
- [ ] 815 驚く
- [ ] 816 集まる
- [ ] 817 もしも
- [ ] 818 まったく
- [ ] 819 必ず
- [ ] 820 必ず
- [ ] 821 おそらく
- [ ] 822 最も
- [ ] 823 ただ
- [ ] 824 ほとんど
- [ ] 825 やっと
- [ ] 826 大変
- [ ] 827 非常に
- [ ] 828 いっそう

4級_5週目 チャレンジ

01　友達とけんかしました。

02　まずはビールを頼みます。

03　紅茶が好きでしょっちゅう飲みます。

04　韓国のお餅はきれいで好きです。

05　近所にカフェはないですか？

06　図書館で本を借りました。

07　まったく知りませんでした。

08　ようやく到着しました。

09　肩が痛いです。

10　野菜を残してはいけません。

5週目で学んだ単語を使って韓国語の作文をしてみましょう。

11　けがをして血が出ています。

12　約束は守ってください。

13　実はトマトが嫌いなんです。

14　冷たい水よりお湯が体にいいです。

15　ケーキを買ってきました。

16　昼食は何を食べたんですか?

17　おそらく勝つでしょう。

18　汗のにおいが心配です。

19　あの人を信じてはいけません。

20　コーヒーよりも紅茶をよく飲みます。

» 解答は P.285

4級_5週目 文法項目

5週目で新たに出てきた文法項目を確認しましょう。
右の列の数字は掲載番号です。

» 語尾・表現

-아다/-어다/-여다 주다	～して（持っていって）あげる、～して（持ってきて）くれる	747
-아도/-어도/-여도 되다	～してもよい・でもよい	823

4級

6週目

☐ 名詞19	▸ 260
☐ 名詞20	▸ 262
☐ 名詞21	▸ 264
☐ 名詞22	▸ 266
☐ 動詞08	▸ 268
☐ 動詞09	▸ 270
☐ 副詞04	▸ 272
活用	▸ 274
チェック1	▸ 276
チェック2	▸ 278
チャレンジ	▸ 280
文法項目	▸ 282

4級_36日目 名詞19 [TR095]

№	韓国語	意味
829	색	色 漢色 / 類 색깔
830	색깔	色、色彩 漢色- / 類 색
831	그림	絵
832	예	例 漢例
833	예문	例文 漢例文
834	지식	知識 漢知識
835	초등학교 [초등학꾜]	小学校 漢初等学校
836	중학교 [중학꾜]	中学校 漢中学校
837	대학원 [대하권]	大学院 漢大学院
838	학년 [항년]	学年 漢学年
839	학기 [학끼]	学期 漢学期
840	교수	教授 漢教授 / 関 선생님 先生

解説　830 어울리시네요は、어울리다(似合う)に尊敬の-시-、-네요が付いた形。　831 그린は그리다(描く)の過去連体形。걸려 있어요は、걸리다(掛かる)に-어 있어요が付いた形。
832 어떤はㅎ変則の어떻다(どんなだ)の現在連体形。　834 통해는、통하다(通す)に-어が付いた形。얻은は얻다(得る)の過去連体形。　837 갈 거예요?は、가다(行く)

색이 예뻐서 마음에 들어요.	色がきれいで気に入ってます。
文 이 **색깔**이 더 어울리시네요.	この色がもっとお似合いですね。
文 동생이 그린 **그림**이 걸려 있어요.	弟／妹が描いた絵が掛かっています。
文 活 **예**를 들면 어떤 것이 있어요?	例えば、どんな物がありますか?
예문을 보고 단어를 외우고 있어요.	例文を見て単語を覚えています。
文 책을 통해 얻은 **지식**도 중요해요.	本を通して得た知識も大事です。
아들이 **초등학교**를 졸업했어요.	息子が小学校を卒業しました。
내년에 **중학교**에 올라가요.	来年、中学校に上がります。
文 대학 졸업하면 **대학원**에 갈 거예요?	大学を卒業したら大学院に行くつもりですか?
동생이 중학교 몇 **학년**이에요?	弟さん／妹さんは中学校何年生ですか?
이번 **학기**에는 열심히 했어요.	今学期は一生懸命頑張りました。
교수님 지금 어디 계세요?	教授は今どこにいらっしゃいますか?

に-ㄹ **거예요**?が付いた形。

4級_37日目 名詞 20　　　[TR096]

841	교사	教師　漢 教師
		類 선생님
842	문화 [무놔]	文化　漢 文化
843	역사 [역싸]	歴史　漢 歴史
844	글자 [글짜]	文字　漢 -字
845	한자 [한짜]	漢字　漢 漢字
846	외국어 [외구거]	外国語　漢 外国語
847	회화	会話　漢 会話
		関 이야기 話
848	문장	文、文章　漢 文章
		類 글
849	연극	演劇、芝居、劇　漢 演劇
850	제목	題目、表題、タイトル　漢 題目
851	소설	小説　漢 小説
852	잡지 [잡찌]	雑誌　漢 雑誌

解説　842 달라요は、르変則の다르다（違う）に-아요が付いた形。　843 외울は외우다（覚える）の未来連体形。　844 글자は、[글짜]と発音（漢字語の濃音化）。큰は크다（大きい）の現在連体形。좋거든요は、좋다（好きだ）に-거든요が付いた形で、[조커든뇨]と発音（激音化、ㄴ挿入）。　845 한자は、[한짜]と発音（漢字語の濃音化）。　848 읽은 뒤

| | DATE 年 月 日 |
| | DATE 年 月 日 |

한국에서 일본어 **교사**를 하고 있어요. _{한구게서 일보너 이써요}	韓国で日本語の教師をしています。
語 한국과 일본의 **문화**가 너무 달라요. _{한국꽈 일보네 무놔가}	韓国と日本の文化はあまりにも違います。
文 **역사** 공부는 외울 것이 많아요. _{역싸 외울 꺼시 마나요}	歴史の勉強は覚えることが多いです。
文 저는 **글자**가 큰 책이 좋거든요. _{글짜가 채기 조커든뇨}	私は文字が大きい本が好きなものですから。
한자를 보면 뜻을 알 수 있어요. _{한짜를 뜨슬 알 쑤 이써요}	漢字を見れば意味が分かります。
요즘 **외국어**를 배우고 있어요. _{외구거를 이써요}	最近外国語を習っています。
한국어로 **회화**를 하고 싶어요. _{한구거로 시퍼요}	韓国語で会話がしたいです。
文 **문장**을 읽은 뒤에 말하세요. _{일근 마라세요}	文を読んだ後、話してください。
文 보고 싶던 **연극**을 보러 갈 거예요. _{십떤 연그글 갈 꺼에요}	見たかった演劇を見に行きます。
제목이 이상하지 않아요? _{제모기 아나요}	題名がおかしくないですか?
이 **소설**은 어디가 재미있어요? _{소서른 재미이써요}	この小説はどこが面白いですか?
文 정말 보고 싶은 **잡지**가 있어요. _{시푼 잡찌가 이써요}	本当に読みたい雑誌があります。

에は、**읽다** (読む) に-**은 뒤에**が付いた形。 849 **보고 싶던**は、**보다** (見る) に-**고 싶다**が付き、過去連体形になった形。**갈 거예요**は、**가다** (行く) に-**ㄹ 거예요**が付いた形。 852 **보고 싶은**は、**보다** (読む) に-**고 싶다**が付き、現在連体形になった形。

4級_38日目 名詞 21　　　[TR097]

853	**만화** [마놔]	漫画　漢 漫画
854	**책방** [책빵]	本屋　漢 冊房
855	**사전**	辞典、辞書　漢 辞典
856	**뜻** [뜯]	意味、意志 動 뜻하다 意味する　類 의미
857	**페이지**	ページ　外 page
858	**사회**	社会　漢 社会
859	**직업** [지겁]	職業　漢 職業 類 일
860	**회사원**	会社員　漢 会社員
861	**사장**	社長　漢 社長
862	**부장**	部長　漢 部長
863	**아르바이트**	アルバイト　外 Arbeit
864	**주부**	主婦　漢 主婦

解説　853 뭘は뭐를の縮約形。　854 없는は없다 (ない) の現在連体形。　859 ～이/～가 어떻게 되십니까?/되세요?は、「～は何ですか?」「～は幾つですか?」などを丁寧に尋ねるときの表現。　864 할は하다 (する) の未来連体形。할 일이は、[할 리리]と発音 (ㄴ挿入、流音化)。

補 일본 **만화** 중에서 뭘 제일 좋아해요?	日本の漫画の中で何が一番好きですか？
文 다른 **책방**에는 없는 책이 있었어요.	他の本屋さんにはない本がありました。
사전을 보지 않고 읽을 수 있어요.	辞書を見ずに読めます。
그 말은 무슨 **뜻**이에요?	それはどういう意味ですか？
몇 **페이지**에 써 있어요?	何ページに書いてありますか？
우리 **사회**에는 여러 문제가 있어요.	私たちの社会にはいろんな問題があります。
補 **직업**이 어떻게 되세요?	職業は何ですか？
회사원 생활은 재미없어요.	会社員生活はつまらないです。
사장님은 지금 회사에 안 계세요.	社長は今、会社にいらっしゃいません。
지금 **부장**님 계세요?	今、部長いらっしゃいますか？
대학생 때 **아르바이트**를 했어요.	大学生の時、アルバイトをしました。
文 **주부**는 매일 할 일이 많아요.	主婦は毎日やることが多いです。

4級_39日目 名詞 22　　　[TR098]

865	**가수**	歌手　漢 歌手
866	**그룹**	グループ　外 group
867	**인기** [인끼]	人気　漢 人気
868	**스타**	スター　外 star
869	**피아노**	ピアノ　外 piano
870	**농구**	バスケットボール　漢 籠球
871	**배구**	バレーボール　漢 排球
872	**탁구** [탁꾸]	卓球　漢 卓球
873	**테니스**	テニス　外 tennis
874	**선수**	選手　漢 選手
875	**게임**	ゲーム　外 game
876	**공**	ボール、球

解説　865 ~인 이상은、~이다（~である）に -ㄴ 이상 が付いた形で、[인 니상]と発音（ㄴ挿入）。잘해야 해요は、잘하다（上手にする）に -어야 해요 が付いた形。 867 인기は、[인끼]と発音（漢字語の濃音化）。있는は있다（ある）の現在連体形。있는 영화は、[인는 녕화]と発音（ㄴ挿入）。 868 만나는は만나다（会う）の現在連体形。 869 어릴は어리다（幼 ↗

文 **가수**인 이상 노래를 잘해야 해요. 　　가수인 니상　　　　　　자래야	歌手である以上、歌がうまくなければなりません。
혼자보다 **그룹**으로 일하면 편해요. 　　　　　그루브로　이라면　펴내요	一人よりグループで働くと楽です。
文 요즘 **인기** 있는 영화가 뭐예요? 　　　인끼　인는 녕화가　뭐에요	最近人気のある映画は何ですか?
文 **스타**를 만나는 것은 힘들어요. 　　　　　　　거슨　힘드러요	スターに会うのは大変です。
文 어릴 때 **피아노**를 배웠어요. 　　　　　　　　　배워써요	幼い頃、ピアノを習っていました。
오빠는 **농구** 선수였어요. 　　　　　　선수여써요	兄はバスケットボールの選手でした。
배구를 같이 해 보지 않겠어요? 　　　　가치　　　안케써요	バレーボールを一緒にやってみませんか?
文 活 다른 스포츠보다 **탁구**가 하기 쉬워요. 　　　　　　　　　탁꾸가	他のスポーツより卓球がやりやすいです。
요즘 **테니스**가 인기예요. 　　　　　　인끼에요	最近、テニスが人気です。
야구 **선수**가 되고 싶어요. 　　　　　　　시퍼요	野球選手になりたいです。
밥도 안 먹고 **게임**만 하고 있어요. 밥또　　먹꼬　　　　　　이써요	ご飯も食べずにゲームばかりしています。
공이 없어서 연습을 못 하겠어요. 　　업써서　연스블　모 타게써요	ボールがなくて練習できません。

い) の未来連体形。　871 **같이**は、[**가치**]と発音 (口蓋音化)。　872 **하기 쉬워요**は、**하다** (する) に-**기 쉽다**が付き、ㅂ変則の**쉽다**に-**어요**が付いた形。　873 **인기**は、[**인끼**]と発音 (漢字語の濃音化)。

4級_40日目 動詞 08　　　　　　　　　　　　[TR099]

#	単語	意味
877	모으다	集める、合わせる 活 으語幹　関 모이다 集まる
878	모자라다	足りない
879	부르다²	呼ぶ、歌う、招く、称する 活 르変則
880	불다	吹く、(息を) 吹き入れる、かける 活 ㄹ語幹
881	넘다 [넘따]	こえる、あふれる、過ぎる
882	뵙다 [뵙따]	お目にかかる 活 ㅂ変則
883	들리다	聞こえる 関 듣다 聞く
884	바꾸다	代える、交換する
885	도와주다	手伝う
886	생기다	生じる
887	피다	咲く、(かびが) 生える、(暮らしが) よくなる 対 지다 散る
888	피우다	(たばこを) 吸う、(火を) おこす、(花を) 咲かせる、におわせる

解説　877 **모으는**は**모으다**の現在連体形。　878 **준비한**は**준비하다** (準備する) の過去連体形。　881 **넘었으니까**は、**넘다**に**-었으니까**が付いた形。**~이/~가 넘다**で「~を超える」という意味。　882 **뵙겠습니다**は、**뵙다**にえん曲の**-겠-**、**-습니다**が付いた形。　885 **하는**は**하다** (する) の現在連体形。**하는 일**은、[하는 니를]と発音 (ㄴ挿入)。　886 **돌아가** ↗

	DATE 年 月 日
	DATE 年 月 日

文 우표를 **모으는** 것이 취미예요. / 거시 / 취미에요 — 切手を集めるのが趣味です。

文 준비한 음식이 **모자랄까요**? / 음시기 — 用意した食べ物では足りないでしょうか？

이름을 **부르면** 대답하세요. / 이르믈 / 대다파세요 — 名前を呼んだら答えてください。

오늘은 바람이 많이 **불어요**. / 오느른 / 바라미 / 마니 / 부러요 — 今日は風がたくさん吹いてます。

文 일곱 시가 **넘었으니까** 집에 가겠어요. / 일곱 씨가 / 너머쓰니까 / 지베 / 가게써요 — 7時を過ぎているので家に帰ります。

文 처음 **뵙겠습니다**. / 뵙껟씀니다 — 初めまして。

소리가 작아서 안 **들려요**. / 자가서 — 声が小さくて聞こえません。

다른 자리로 **바꿔** 줄까요? — 他の席に換えてあげましょうか？

文 엄마가 하는 일을 **도와주세요**. / 하는 니를 — 母がやる仕事を手伝ってください。

文 문제가 **생겨서** 돌아가야 해요. / 도라가야 — 問題が起きたので帰らなければなりません。

文 길에 꽃이 많이 **폈네요**. / 기레 / 꼬치 / 마니 / 편네요 — 道に花がたくさん咲いていますね。

文 한국은 식당에서 담배를 못 **피우거든요**. / 한구근 / 식땅에서 / 몯 / 피우거드뇨 — 韓国では食堂でたばこが吸えないんですよ。

야 해요는、**돌아가다** (帰る) に **-아야 해요**が付いた形。 887 **폈네요**は、**피다**に **-었네요**が付いた形。 888 **피우거든요**は、**피우다** (吸う) に **-거든요**が付いた形で、[**피우거드뇨**]と発音 (ㄴ挿入)。

4級_41日目 動詞 09　　　[TR100]

889	펴다	広げる、開く、伸ばす

890	짓다 [짇따]	(家を) 建てる、(名前を) 付ける、ご飯を炊く 活 ㅅ変則　関 세우다 建てる

891	열리다	開かれる、開 (あ) く 関 열다 開ける

892	비다	空く、席が空く

893	그리다	描く

894	세다	数える

895	나타내다	表す、現す 関 나타나다 現れる、表れる

896	달라지다	変わる、変化する

897	흐르다	流れる、傾く、偏る 活 르変則

898	어울리다	似合う、交わる

899	나누다	分ける、分かち合う、割る

解説　889 시작하니까は、시작하다 (始める) に-니까が付いた形。　890 지을 거예요?は、ㅅ変則の짓다に-을 거예요?が付いた形。　894 셀 수 없을 정도로는、세다に-ㄹ 수 없을 정도로が付いた形。많은は많다 (多い) の現在連体形。　895 뭘は뭐를の縮約形。나타내는 거예요?は、나타내다に-는 거예요?が付いた形。　896 달라진は달라지다の過去連体

| | DATE 年 月 日 |
| | DATE 年 月 日 |

文 수업 시작하니까 책을 **펴** 주세요.
　　시자카니까　채글

授業始めますので、本を開いてください。

文/活 어디에 집을 **지을** 거예요?
　　　지블　　지을 꺼에요

どこに家を建てるつもりですか?

언제 회의가 **열려요**?
　　회이가

いつ会議が開かれますか?

자리가 **비어서** 앉을 수 있었어요.
　　　　　안즐 쑤　이써써요

席が空いたので座れました。

사람을 제일 잘 **그려요**.
사라믈

人を一番うまく描けます。

文 **셀** 수 없을 정도로 많은 사람이 왔어요.
　셀 쑤　업쓸 쩡도로　마는　사라미　와써요

数え切れないほど、たくさんの人が来ました。

補/文 이 그림은 뭘 **나타내는** 거예요?
　　그리믄　　　　　거에요

この絵は何を表しているのですか?

文 그 사람의 **달라진** 얼굴을 보고 놀랐어요.
　　사라메　　　얼구를　　놀라써요

その人の(すっかり)変わった顔を見てびっくりしました。

文/活 그 노래를 들으면 눈물이 **흐릅니다**.
　　　드르면　눈무리　흐름니다

その歌を聴くと涙が流れます。

文 옷이 참 잘 **어울리네요**.
　오시

服がとてもよく似合ってますね。

먹고 남으면 동생에게 **나눠** 주세요.
먹꼬　나므면

食べて残ったら弟/妹に分けてください。

形。 897 **들으면**は、ㄷ変則の**듣다**(聞く)に-**으면**が付いた形。 898 **어울리네요**は、**어울리다**に-**네요**が付いた形。

4級_42日目 副詞 04　　[TR101]

#	単語	意味
900	**얼마나**	どのくらい、どんなにか、幾らぐらい
901	**조금**	ちょっと、少し、わずか　類 좀　対 많이 たくさん
902	**그대로**	そのまま、そのとおりに
903	**열심히** [열씨미]	熱心に、一生懸命に　漢 熱心-
904	**혼자**	一人で、単独で
905	**서로**	お互いに、(名詞として) お互い
906	**또는**	または、もしくは、あるいは、それとも
907	**함께**	一緒に、共に　動 함께하다 共にする　類 같이
908	**절대로** [절때로]	絶対に　漢 絶対-
909	**정말로**	本当に、間違いなく、誠に　漢 正--　類 정말, 참, 진짜
910	**참**	本当に、誠に、(名詞として) 本当、真実　類 정말, 진짜
911	**진짜**	本当に、(名詞として) 本物　漢 真-　類 정말, 참

解説　901 **먹을 생각이에요**は、**먹다** (食べる) に**-을 생각이에요**が付いた形。　904 **쉬우니까**は、ㅂ変則の**쉽다** (簡単だ) に**-으니까**が付いた形。　905 **모르는**は**모르다** (知らない) の現在連体形。　906 ここの**〜까지**は「まで」ではなく「までに」という意味。　908 **좋으니까**は、**좋다** (良い) に**-으니까**が付いた形。　909 **같이**は、[가치]と発音 (口蓋音化)。갈 거예

이 옷은 **얼마나** 해요? _{오슨}	この服は幾らしますか？
文 저녁은 **조금**만 먹을 생각이에요. _{저녀근 머글 쌩가기에요}	夕食は少しだけ食べるつもりです。
아이는 엄마의 말을 **그대로** 해요. _{엄마에 마를}	子どもはお母さんの言葉をそのまままねして言います。
대학에 가려고 **열심히** 공부했어요. _{대하게 열씨미 공부해써요}	大学に行こうと思って頑張って勉強しました。
文 活 일이 쉬우니까 **혼자** 해도 괜찮아요. _{이리 괜차나요}	仕事が簡単だから一人でやっても大丈夫です。
文 아직 **서로** 얼굴도 잘 모르는 사이예요. _{사이에요}	まだお互い顔もよく知らない間柄です。
補 숙제는 오늘 **또는** 내일까지 하세요. _{숙쩨는}	宿題は今日または明日までにやってください。
안 바쁘시면 **함께** 식사하시죠? _{식싸하시조}	お忙しくなければ一緒に食事しませんか？
文 몸에 안 좋으니까 **절대로** 먹지 마세요. _{모메 조으니까 절때로 먹찌}	体に良くないから絶対に食べないでください。
文 **정말로** 같이 안 갈 거예요? _{가치 갈 꺼에요}	本当に一緒に行かないつもりですか？
文 어머니가 해 주신 음식이 **참** 맛있어요. _{음시기 마시써요}	母が作ってくださった料理はとてもおいしいです。
文 거기에 **진짜** 갈 생각이에요? _{갈 쌩가기에요}	そこに本当に行くつもりですか？

요?는、**가다** (行く) に-ㄹ **거예요?**が付いた形。　910 **해 주신**は、**하다** (作る) に-**어 주시다**が付き、過去連体形になった形。　911 **갈 생각이에요?**は、**가다** (行く) に-ㄹ **생각이에요?**が付いた形。

4級_6週目 活用 基本形−ハムニダ体現在−ヘヨ体現在−ヘヨ体過去−ヘヨ体尊敬現在

40日目 [TR102]

		ハムニダ体現在	ヘヨ体現在	ヘヨ体過去	ヘヨ体尊敬現在
□ 877	모으다 으語幹	모읍니다	모아요	모았어요	모으세요
□ 878	모자라다	모자랍니다	모자라요	모자랐어요	모자라세요
□ 879	부르다² 르変	부릅니다	불러요	불렀어요	부르세요
□ 880	불다 ㄹ語幹	붑니다	불어요	불었어요	부세요
□ 881	넘다	넘습니다	넘어요	넘었어요	넘으세요
□ 882	뵙다 ㅂ変	뵙습니다	봬요	뵀어요	뵈세요
□ 883	들리다	들립니다	들려요	들렸어요	들리세요
□ 884	바꾸다	바꿉니다	바꿔요	바꿨어요	바꾸세요
□ 885	도와주다	도와줍니다	도와줘요	도와줬어요	도와주세요
□ 886	생기다	생깁니다	생겨요	생겼어요	생기세요
□ 887	피다	핍니다	피어요	피었어요	피세요
□ 888	피우다	피웁니다	피워요	피웠어요	피우세요

入門・初級レベルで最もよく使われる活用形を掲載しました。活用が正則でない場合は、基本形の横に変則活用の種類をアイコンで示しました（アイコンの見方はP.006参照）。

41日目　[TR103]

□ 889	펴다	폅니다	펴요	폈어요	펴세요
□ 890	짓다 ㅅ変	짓습니다	지어요	지었어요	지으세요
□ 891	열리다	열립니다	열려요	열렸어요	열리세요
□ 892	비다	빕니다	비어요	비었어요	비세요
□ 893	그리다	그립니다	그려요	그렸어요	그리세요
□ 894	세다	셉니다	세요	셌어요	세세요
□ 895	나타내다	나타냅니다	나타내요	나타냈어요	나타내세요
□ 896	달라지다	달라집니다	달라져요	달라졌어요	달라지세요
□ 897	흐르다 르変	흐릅니다	흘러요	흘렀어요	흐르세요
□ 898	어울리다	어울립니다	어울려요	어울렸어요	어울리세요
□ 899	나누다	나눕니다	나눠요	나눴어요	나누세요

4級_6週目 チェック1 韓国語 ▶ 日本語

- [ ] 829 색
- [ ] 830 색깔
- [ ] 831 그림
- [ ] 832 예
- [ ] 833 예문
- [ ] 834 지식
- [ ] 835 초등학교
- [ ] 836 중학교
- [ ] 837 대학원
- [ ] 838 학년
- [ ] 839 학기
- [ ] 840 교수
- [ ] 841 교사
- [ ] 842 문화
- [ ] 843 역사
- [ ] 844 글자
- [ ] 845 한자
- [ ] 846 외국어
- [ ] 847 회화
- [ ] 848 문장
- [ ] 849 연극
- [ ] 850 제목
- [ ] 851 소설
- [ ] 852 잡지
- [ ] 853 만화
- [ ] 854 책방
- [ ] 855 사전
- [ ] 856 뜻
- [ ] 857 페이지
- [ ] 858 사회
- [ ] 859 직업
- [ ] 860 회사원
- [ ] 861 사장
- [ ] 862 부장
- [ ] 863 아르바이트
- [ ] 864 주부
- [ ] 865 가수
- [ ] 866 그룹
- [ ] 867 인기
- [ ] 868 스타
- [ ] 869 피아노
- [ ] 870 농구

次の韓国語の訳を書いてみましょう。分からなかった単語は、前に戻ってもう一度覚えましょう。

- 871 배구
- 872 탁구
- 873 테니스
- 874 선수
- 875 게임
- 876 공
- 877 모으다
- 878 모자라다
- 879 부르다²
- 880 불다
- 881 넘다
- 882 뵙다
- 883 들리다
- 884 바꾸다
- 885 도와주다
- 886 생기다
- 887 피다
- 888 피우다
- 889 펴다
- 890 짓다
- 891 열리다
- 892 비다
- 893 그리다
- 894 세다
- 895 나타내다
- 896 달라지다
- 897 흐르다
- 898 어울리다
- 899 나누다
- 900 얼마나
- 901 조금
- 902 그대로
- 903 열심히
- 904 혼자
- 905 서로
- 906 또는
- 907 함께
- 908 절대로
- 909 정말로
- 910 참
- 911 진짜

4級_6週目 チェック2 日本語▶韓国語

- ☐ 829 色 _____
- ☐ 830 色 _____
- ☐ 831 絵 _____
- ☐ 832 例 _____
- ☐ 833 例文 _____
- ☐ 834 知識 _____
- ☐ 835 小学校 _____
- ☐ 836 中学校 _____
- ☐ 837 大学院 _____
- ☐ 838 学年 _____
- ☐ 839 学期 _____
- ☐ 840 教授 _____
- ☐ 841 教師 _____
- ☐ 842 文化 _____
- ☐ 843 歴史 _____
- ☐ 844 文字 _____
- ☐ 845 漢字 _____
- ☐ 846 外国語 _____
- ☐ 847 会話 _____
- ☐ 848 文 _____
- ☐ 849 演劇 _____
- ☐ 850 題目 _____
- ☐ 851 小説 _____
- ☐ 852 雑誌 _____
- ☐ 853 漫画 _____
- ☐ 854 本屋 _____
- ☐ 855 辞典 _____
- ☐ 856 意味 _____
- ☐ 857 ページ _____
- ☐ 858 社会 _____
- ☐ 859 職業 _____
- ☐ 860 会社員 _____
- ☐ 861 社長 _____
- ☐ 862 部長 _____
- ☐ 863 アルバイト _____
- ☐ 864 主婦 _____
- ☐ 865 歌手 _____
- ☐ 866 グループ _____
- ☐ 867 人気 _____
- ☐ 868 スター _____
- ☐ 869 ピアノ _____
- ☐ 870 バスケットボール _____

次の日本語に該当する単語を書いてみましょう。分からなかった単語は、前に戻ってもう一度覚えましょう。

- ☐ 871 バレーボール
- ☐ 872 卓球
- ☐ 873 テニス
- ☐ 874 選手
- ☐ 875 ゲーム
- ☐ 876 ボール
- ☐ 877 集める
- ☐ 878 足りない
- ☐ 879 呼ぶ
- ☐ 880 吹く
- ☐ 881 こえる
- ☐ 882 お目にかかる
- ☐ 883 聞こえる
- ☐ 884 代える
- ☐ 885 手伝う
- ☐ 886 生じる
- ☐ 887 咲く
- ☐ 888 (たばこを) 吸う
- ☐ 889 広げる
- ☐ 890 (家を) 建てる
- ☐ 891 開かれる
- ☐ 892 空く
- ☐ 893 描く
- ☐ 894 数える
- ☐ 895 表す
- ☐ 896 変わる
- ☐ 897 流れる
- ☐ 898 似合う
- ☐ 899 分ける
- ☐ 900 どのくらい
- ☐ 901 ちょっと
- ☐ 902 そのまま
- ☐ 903 熱心に
- ☐ 904 一人で
- ☐ 905 お互いに
- ☐ 906 または
- ☐ 907 一緒に
- ☐ 908 絶対に
- ☐ 909 本当に
- ☐ 910 本当に
- ☐ 911 本当に

4급_6週目 チャレンジ

01 何色が好きですか?

02 文を一つ作ってみましょう。

03 絵を描くのが好きです。

04 小説は難しくて読めません。

05 何年生ですか?

06 本屋でアルバイトをしています。

07 仕事が多いので少し手伝ってください。

08 部屋が一つ空いていますよ。

09 お菓子を分けて食べました。

10 外国語を熱心に勉強しています。

6週目で学んだ単語を使って韓国語の作文をしてみましょう。

11　ピアノの音が聞こえます。

12　韓国の歴史を知りたいです。

13　良い辞書があれば教えてください。

14　痛くて涙が出ました（流れました）。

15　その演劇のタイトルは何ですか？

16　会話練習がしたいです。

17　知識を得ました。

18　この単語の意味は何ですか？

19　昔、卓球選手でした。

20　これと交換してください。

» 解答は P.285

4級_6週目 文法項目

6週目で新たに出てきた文法項目を確認しましょう。
右の列の数字は掲載番号です。

» 語尾・表現

-ㄴ/-은 뒤에	〜した後で	848
-ㄴ/-은 이상	〜である以上	865
-기 쉽다	〜しやすい、〜しがちだ	872
-ㄹ/-을 정도로	〜するほど・なほど	894
-ㄹ/-을 생각이다	〜するつもりだ、〜する考えだ	901 / 911

「チャレンジ」解答

5級_1週目　P.038-039
01 아버지와/아버지하고 어머니.
02 저것은 친구입니다./친구예요.
03 생일은 언제입니까?/언제예요?
04 어느 것이 맛있습니까?/맛있어요?
05 이것은 얼마입니까?/얼마예요?
06 우리는/저희는 가족입니다./가족이에요.
07 아들의 친구.
08 주말은 바쁩니다./바빠요.
09 어떤 사람입니까?/사람이에요?
10 재미있습니다./재미있어요.
11 몇 살입니까?/몇 살이에요?
12 할아버지가 계십니다./계세요.
13 제 남편입니다./남편이에요.
14 아내와/아내하고 딸.
15 괜찮습니다./괜찮아요.
16 그것은 작습니다./작아요.
17 이름이 좋습니다./좋아요.
18 미안합니다./미안해요.
19 무엇이 싫습니까?/싫어요?
20 싸고 큽니다./커요.

5級_2週目　P.062-063
01 토요일에 갑니다./가요.
02 언제나 바쁩니다./바빠요.
03 그 사람의 나이를 모릅니다./몰라요.
04 곧 끝납니다./끝나요.
05 십이월은 겨울입니다./겨울이에요.
06 봄이 왔습니다./왔어요.
07 같이 삽니다./살아요.
08 먼저 잡니다./자요.
09 천천히 읽습니다./읽어요.
10 다시 씁니다./써요.
11 잘 만듭니다./만들어요.
12 한국어를 배웁니다./배워요.
13 여기에 앉습니다./앉아요.
14 우리가/저희가 가르칩니다./가르쳐요.
15 월요일이 싫습니다./싫어요.
16 유월은 여름입니까?/여름이에요?
17 다 잊었습니다./잊었어요.
18 오늘은 무슨 요일입니까?/요일이에요?
19 작년 가을.
20 한국어를 못합니다./못해요.

5級_3週目　P.086-087
01 밥이 맛있습니다./맛있어요.
02 쇠고기가 쌉니다./싸요.
03 처음 먹었습니다./먹었어요.
04 다음 주에 친구와/친구하고 만납니다./만나요.
05 한국어가 어렵습니다./어려워요.
06 우유가 좋습니다./좋아요.
07 좀 덥습니다./더워요.
08 오늘은 아주 춥습니다./추워요.
09 술을 마셨습니다./마셨어요.
10 무슨 음식이 좋습니까?/좋아요?
11 값이 너무 비쌉니다./비싸요.
12 많이 놀았습니다./놀았어요.
13 사과는 과일입니다./과일이에요.
14 끝까지 봤습니다./봤어요.
15 시간이 짧습니다./짧아요.
16 거기에서 제일 가깝습니다./가까워요.
17 아침은 빵과/빵하고 커피입니다./커피예요.
18 외국에 가고 싶습니다./싶어요.
19 정말 맛없습니다./맛없어요.
20 개가 좋습니다./좋아요. 그리고 고양이도 좋습니다./좋아요.

5級_4週目　P.110-111
01 커피에 설탕을 넣습니까?/넣어요?
02 양말을 신었습니다./신었어요.
03 머리가 아픕니다./아파요.
04 병원에 갔습니다./갔어요.
05 감기가 아닙니다./아니에요.
06 약을 먹었습니다./먹었어요.
07 아파트 오 층에 삽니다./살아요.
08 이름을 한글로 씁니다./써요.
09 그 사람의 마음을 모릅니다./몰라요.
10 배가 고픕니다./고파요.
11 화장실은 어디입니까?/어디예요?
12 문을 닫았습니다./닫아요.
13 외국에서 사진을 찍습니다./찍어요.
14 오늘은 치마를 입습니다./입어요.

「チャレンジ」解答

15 신문은 읽습니까?/읽어요?
16 메일을 보냅니다./보내요.
17 책상에 책을 놓았습니다./놓아요.
18 여기는 식당이 많습니다./많아요.
19 무슨 가게입니까?/가게예요?
20 우표를 사고 싶습니다./싶어요.

5級_5週目 P.134-135
01 사월부터 대학교에/대학에 다닙니다./다녀요.
02 안경을 썼습니다./썼어요.
03 선생님이 문제를 냈습니다./냈어요.
04 비행기를 탑니다./타요.
05 숙제를 하고 왔습니다./왔어요.
06 작년에 결혼했습니다./결혼했어요.
07 운동은 몸에 좋습니다./좋아요.
08 어느 드라마가 재미있습니까?/재미있어요?
09 오늘은 구름이 많습니다./많아요. 하지만 비는 안 옵니다./와요.
10 취미는 무엇입니까?/뭐예요?
11 꽃을 선물했습니다./선물했어요.
12 같이 노래합니다./노래해요.
13 밖에 나갔습니다./나갔어요.
14 공항까지 갑니다./가요.
15 버스를 탑니까?/타요? 지하철을 탑니까?/타요?
16 차로 학교에 다닙니다./다녀요.
17 기차 소리가 좋습니다./좋아요.
18 뉴스를 봤습니까?/봤어요?
19 그 사람의 이야기는 길고 재미없습니다./재미없어요.
20 생일 축하합니다./축하해요.

4級_1週目 P.160-161
01 지도 있습니까?/있어요?
02 미국에서 온 학생입니다./학생이에요.
03 형제는 없습니다./없어요.
04 계속 노력해 왔습니다./왔어요.
05 일본에 돌아가고 싶습니다./싶어요.
06 젊은 사람이 많네요.
07 아름다운 도시가 좋습니다./좋아요.
08 걸어서 갑시다./가요.
09 영국 영어를 공부하고 싶습니다./싶어요.
10 같이 건배합시다./건배해요.
11 많은 나라의 수도를 압니다./알아요.
12 고향이 어디십니까?/어디세요?
13 부모님이 해외에 계십니다./계세요.
14 빨리 결정하십시오./결정하세요.
15 손이 예쁘네요.
16 시청 앞에서 만납시다./만나요.
17 걱정하지 마십시오./마세요.
18 도서관은 저쪽에 있습니다./있어요.
19 여러분에게/여러분한테 감사합니다./감사해요.
20 오늘 아침 일본을 떠났습니다./떠났어요.

4級_2週目 P.184-185
01 선생님 댁을 찾아갔습니다./찾아갔어요.
02 근처에 약국이 있습니까?/있어요?
03 한국 노래방에 가고 싶습니다./싶어요.
04 저 건물이 무엇입니까?/뭐예요?
05 창문을 열어 주십시오./주세요.
06 영화 티켓은 샀습니까?/샀어요?
07 지갑을 놓고 왔습니다./왔어요.
08 친구를 소개해 주십시오./주세요.
09 발음을 가르쳐 주십시오./주세요.
10 영어를 번역한 것입니다./거예요.
11 쇼핑에는 관심이 없습니다./없어요.
12 엘리베이터로 올라갑시다./올라가요.
13 피곤해서 쉬고 싶습니다./싶어요.
14 좋은 방법은 없습니까?/없어요?
15 여기저기에서 봤습니다./봤어요.
16 이 계획의 목적을 모르겠습니다./모르겠어요.
17 한국에서 생활하고 있습니다./있어요.
18 선생님이 설명해 주셨습니다./주셨어요.
19 한국에서는 보통입니다./보통이에요.
20 식사하셨습니까?/식사하셨어요?

4級_3週目 P.208-209
01 좋은 꿈을 꿨습니다./꿨어요.
02 어떤 영향이 있었습니까?/있었어요?
03 결과가 나왔습니다./나왔어요.
04 선물로 비누는 어떻습니까?/어때요?
05 지금도 팩스를 씁니까?/써요?
06 별이 보이네요.

07 배로 한국에 갔습니다./갔어요.
08 도착하면 연락해 주십시오./주세요.
09 버스를 많이 이용했습니다./이용했어요.
10 갑자기 잠이 깼습니다./깼어요.
11 아까 먹었습니다./먹었어요.
12 중요한 의미가 있습니다./있어요.
13 이 집에서 자랐습니다./자랐어요.
14 아침에도 밤에도 머리를 감습니다./감아요.
15 벌써 하늘이 어둡습니다./어두워요.
16 날씨가 따뜻하네요.
17 축구 시합을 봤습니다./봤어요.
18 내일은 약속이 있습니다./있어요.
19 라디오를 많이 듣습니다./들어요.
20 단 음식을 아주 좋아합니다./좋아해요.

4級_4週目   P.232-233
01 또 지각했습니다./지각했어요.
02 오후부터 회의가 있습니다./있어요.
03 질문해도 됩니까?/돼요?
04 이것이 마지막입니다./마지막이에요.
05 지난달에 학교를 졸업했습니다./졸업했어요.
06 이틀이 지나도 연락이 없습니다./없어요.
07 지난번에 만났죠?
08 젓가락은 있습니까?/있어요?
09 외운 단어를 잊어버렸습니다./잊어버렸어요.
10 몸에 맞춰서 옷을 만들었습니다./만들었어요.
11 이 책에는 시디가 붙어 있습니다./있어요.
12 아직 안 끝났습니다./끝났어요.
13 동물을 보러 가고 싶습니다./싶어요.
14 가방을 들고 나갔습니다./나갔어요.
15 불을 꺼 주십시오./주세요.
16 어서/빨리 출발합시다./출발해요.
17 어제는 일찍 잤습니다./잤어요.
18 잘 못 알아들었습니다./알아들었어요.
19 이상한 소리가 납니다./나요.
20 학교가 끝나면 바로 오십시오./오세요.

4級_5週目   P.256-257
01 친구와/친구하고 싸웠습니다./싸웠어요.
02 우선 맥주를 시킵니다./시켜요.
03 홍차를 좋아해서 자주 마십니다./마셔요.

04 한국 떡은 예뻐서 좋습니다./좋아요.
05 근처에 카페는 없습니까?/없어요?
06 도서관에서 책을 빌렸습니다./빌렸어요.
07 전혀 몰랐습니다./몰랐어요.
08 겨우 도착했습니다./도착했어요.
09 어깨가 아픕니다./아파요.
10 야채를 남기면 안 됩니다./돼요.
11 다쳐서 피가 납니다./나요.
12 약속은 지켜 주십시오./주세요.
13 사실 토마토가 싫습니다./싫어요.
14 찬물보다 더운물이 몸에 좋습니다./좋아요.
15 케이크를 사 왔습니다./왔어요.
16 점심은 무엇을/뭐를 먹었습니까?/먹었어요?
17 아마 이길 것입니다./거예요.
18 땀 냄새가 걱정입니다./걱정이에요.
19 그 사람을 믿으면 안 됩니다./돼요.
20 커피보다 홍차를 잘 마십니다./마셔요.

4級_6週目   P.280-281
01 무슨 색이 좋습니까?/좋아요?
02 문장을 하나 만들어 봅시다./봐요.
03 그림을 그리는 것이/게 좋습니다./좋아요.
04 소설은 어려워서 못 읽습니다./읽어요.
05 몇 학년입니까?/몇 학년이에요?
06 책방에서 아르바이트를 하고 있습니다./있어요.
07 일이 많으니까 좀 도와주십시오./도와주세요.
08 방이 하나 비어 있습니다./있어요.
09 과자를 나누어서 먹었습니다./먹었어요.
10 외국어를 열심히 공부하고 있습니다./있어요.
11 피아노 소리가 들립니다./들려요.
12 한국의 역사를 알고 싶습니다./싶어요.
13 좋은 사전이 있으면 알려 주십시오./주세요.
14 아파서 눈물이 흘렀습니다./흘렀어요.
15 그 연극의 제목은 무엇입니까?/뭐예요?
16 회화 연습을 하고 싶습니다./싶어요.
17 지식을 얻었습니다./얻었어요.
18 이 단어의 뜻이 무엇입니까?/뭐예요?
19 옛날에 탁구 선수였습니다./선수였어요.
20 이것과/이거하고 바꿔 주십시오./주세요.

韓国語の基礎1

ハングルの読み方

韓国語の文字であるハングルと発音の関係、母音・子音・パッチムの
基本的な発音ルールをまとめました。

ハングルの仕組み

ハングルはアルファベットのように文字そのものが音を表す表音文字で、母音字と子音字を最低一つずつ組み合わせて文字を成します。従って、それぞれが表す音を覚えれば、基本的にハングルを読み、発音することができるようになります。1文字が1音節を表します。

書き方の例

○ 横棒の長い母音は下に、子音は上に書きます。
○ 縦棒の長い母音は右側に、子音は左側に書きます。

요 ◀子音 / ◀母音

子音▶ 리 ◀母音

○ 子音で終わる場合は、文字の一番下に書きます。

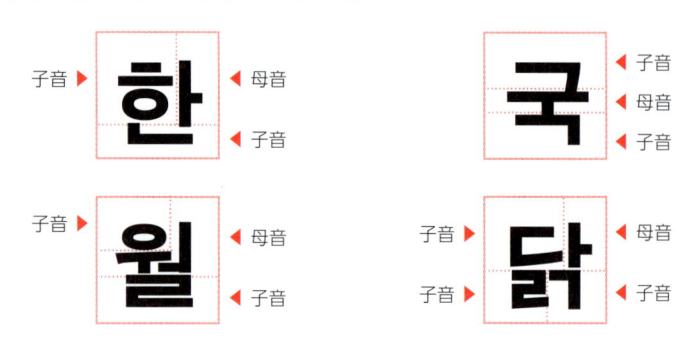

子音▶ 한 ◀母音 / ◀子音

국 ◀子音 / ◀母音 / ◀子音

子音▶ 월 ◀母音 / ◀子音

子音▶ 닭 ◀母音 / ◀子音 / 子音▶

最初の子音を初声、次の母音を中声、最後の子音を終声 (パッチム) と言うことがあります。
次のページで、ハングルの母音、子音、パッチム、それぞれの発音を見ていきましょう。

母音の発音

音のない子音字ㅇを子音の位置に入れて表記してあります。
애と에、예と얘、왜と외と웨は発音上ほとんど区別しません。

基本母音

아 ▶ [a] …… 日本語の「ア」とほぼ同じ発音。

야 ▶ [ja] …… 日本語の「ヤ」とほぼ同じ発音。

어 ▶ [ɔ] …… 「ア」のときのように、口を大きく開けて「オ」と発音する。

여 ▶ [jɔ] …… 「ヤ」のときのように、口を大きく開けて「ヨ」と発音する。

오 ▶ [o] …… 日本語の「オ」とほぼ同じだが、唇を丸くすぼめて発音する。

요 ▶ [jo] …… 日本語の「ヨ」とほぼ同じだが、唇を丸くすぼめて発音する。

우 ▶ [u] …… 日本語の「ウ」とほぼ同じだが、唇を丸くすぼめて発音する。

유 ▶ [ju] …… 日本語の「ユ」とほぼ同じだが、唇を丸くすぼめて発音する。

으 ▶ [ɯ] …… 「イ」のように、唇を横に引いて「ウ」と発音する。

이 ▶ [i] …… 日本語の「イ」とほぼ同じ発音。

複合母音

애 ▶ [ɛ] …… 日本語の「エ」とほぼ同じ発音。

얘 ▶ [jɛ] …… 日本語の「イェ」とほぼ同じ発音。

에 ▶ [e] …… 日本語の「エ」とほぼ同じ発音。

예 ▶ [je] …… 日本語の「イェ」とほぼ同じ発音。

와 ▶ [wa] …… 日本語の「ワ」とほぼ同じ発音。

왜 ▶ [wɛ] …… 日本語の「ウェ」とほぼ同じ発音。

외 ▶ [we] …… 日本語の「ウェ」とほぼ同じ発音。

워 ▶ [wɔ] …… 日本語の「ウォ」とほぼ同じ発音。

웨 ▶ [we] …… 日本語の「ウェ」とほぼ同じ発音。

위 ▶ [wi] …… 日本語の「ウィ」だが、唇を丸くすぼめて発音する。

의 ▶ [ɯi] …… 日本語の「ウィ」だが、唇をすぼめず、横に引いて「ウイ」と発音する。

子音の発音

平音（へいおん）ㄱ、ㄷ、ㅂ、ㅈは、語頭以外（2文字目以降）に来ると音が濁ります（→ P.290）。

ㄱ ▶ [k,g] ･･･ 日本語の「カ・ガ行」に似た音。

ㄴ ▶ [n] ･････ 日本語の「ナ行」に似た音。

ㄷ ▶ [t,d] ･･･ 日本語の「タ・ダ行」に似た音。

ㄹ ▶ [r,l] ･･･ 日本語の「ラ行」に似た音。

ㅁ ▶ [m] ･････ 日本語の「マ行」に似た音。

ㅂ ▶ [p,b] ･･ 日本語の「パ・バ行」に似た音。

ㅅ ▶ [s] ･････ 日本語の「サ行」に似た音。

ㅇ ▶ [無音] ･･ パッチムのとき以外は母音のみが発音される。

ㅈ ▶ [tʃ,dʒ] ･･ 日本語の「チャ・ジャ行」に似た音。

激音（げきおん）息を強く出して発音します。

ㅋ ▶ [kʰ] ････ 息を少し強めに出しながら、はっきりと「カ」行を発音する。

ㅌ ▶ [tʰ] ････ 息を少し強めに出しながら、はっきりと「タ」行を発音する。

ㅍ ▶ [pʰ] ････ 息を少し強めに出しながら、はっきりと「パ」行を発音する。

ㅊ ▶ [tʃʰ] ････ 息を少し強めに出しながら、はっきりと「チャ」行を発音する。

ㅎ ▶ [h] ･････ 日本語の「ハ行」に似た音。

濃音（のうおん）息を詰まらせる感じで発音します。

ㄲ ▶ [ʔk] ････ 「まっか」と言うときの「ッカ」に近い音。

ㄸ ▶ [ʔt] ････ 「いった」と言うときの「ッタ」に近い音。

ㅃ ▶ [ʔp] ･･･ 「いっぱい」と言うときの「ッパ」に近い音。

ㅆ ▶ [ʔs] ････ 「いっさい」と言うときの「ッサ」に近い音。

ㅉ ▶ [ʔtʃ] ･･･ 「まっちゃ」と言うときの「ッチャ」に近い音。

パッチム

パッチムとは、한국（ハングク＝韓国）のㄴやㄱ、닭（タク＝ニワトリ）のㄹのように文字を支えるように付いている子音字のことで、日本語の[ッ]や[ン]に似た音があります。パッチムとなる子音字は、左ページにある子音字のうちㄸ、ㅃ、ㅉを除く16種類と、二つの異なる子音字を左右に組み合わせて表記する11種類の計27種類ですが、実際の発音はㄱ、ㄴ、ㄷ、ㄹ、ㅁ、ㅂ、ㅇの7種類です。

発音区分

ㄱ ▶ [k/ク] ···· ㄱ、ㄲ、ㅋ、ㄳ、ㄺ

ㄴ ▶ [n/ン] ·· ㄴ、ㄵ、ㄶ

ㄷ ▶ [t/ッ] ···· ㄷ、ㅅ、ㅆ、ㅈ、ㅊ、ㅌ、ㅎ

ㄹ ▶ [l/ル] ···· ㄹ、ㄼ、ㄽ、ㄾ、ㅀ

ㅁ ▶ [m/ム] ·· ㅁ、ㄻ

ㅂ ▶ [p/プ] ··· ㅂ、ㅍ、ㄿ、ㅄ

ㅇ ▶ [ŋ/ン] ·· ㅇ

発音のしかた

パッチムの発音を아 [a/ ア] との組み合わせで見ていきます。

악 ▶ [aᵏ/ アㇰ] ····「あっか」と言うときの「アッ」に近い。口を閉じずに発音する。

안 ▶ [an/ アン] ···「あんど」と言うときの「アン」に近い。
　　　　　　　　　舌先を軽く歯の裏に付けて発音する。

앋 ▶ [aᵗ/ アッ] ·····「あっと」と言うときの「アッ」に近い。
　　　　　　　　　日本語の[ッ]に近い。

알 ▶ [al/ アル] ·····「あり」と完全に言い終わる前に止めた音に近い。
　　　　　　　　　舌先を軽く上顎に付けて発音する。

암 ▶ [am/ アム] ···「あんまり」と言うときの「アン」に近い。
　　　　　　　　　上下の唇を合わせ、口を閉じて発音する。

압 ▶ [aᵖ/ アㇷ゚] ····「あっぷ」と言うときの「アッ」に近い。
　　　　　　　　　口を閉じて発音する。

앙 ▶ [aŋ/ アン] ···「あんこ」と言うときの「アン」に近い。
　　　　　　　　　口を開けたまま、舌をどこにも付けずに発音する。

韓国語の基礎2

発音変化など

韓国語は文字通りに発音しない場合があります。
これらについてまとめました。

有声音化

子音ㄱ、ㄷ、ㅂ、ㅈは、語中（語の2文字目以後）では濁って（有声音で）発音されます。
ただし日本語の濁点のような表記はありません。

表記			表記通りのフリガナ		実際の発音
시간	時間	▶	[シカン]	▶	[シガン]
바다	海	▶	[パタ]	▶	[パダ]
기분	気分	▶	[キプン]	▶	[キブン]
어제	昨日	▶	[オチェ]	▶	[オジェ]

濃音化

①ㄱ音、ㄷ音、ㅂ音のパッチムの次に子音ㄱ、ㄷ、ㅂ、ㅅ、ㅈが来るとき、ㄲ、ㄸ、ㅃ、ㅆ、ㅉになります。

表記			実際の発音
식당	食堂	▶	[**식땅** シクタン]
잊다	忘れる	▶	[**읻따** イッタ]
갑자기	急に	▶	[**갑짜기** カプチャギ]

②動詞・形容詞の語幹がパッチム（ㄹとㅎを除く）で終わり、次に子音ㄱ、ㄷ、ㅂ、ㅅ、ㅈが来るとき、ㄲ、ㄸ、ㅃ、ㅆ、ㅉになります。

表記			実際の発音
신다	履く	▶	[**신따** シンタ]
앉다	座る	▶	[**안따** アンタ]

③漢字語内でㄹパッチムの次に子音ㄷ、ㅅ、ㅈが来るとき、ㄸ、ㅆ、ㅉになります。

表記			実際の発音
일주일	1週間	▶	[**일쭈일** イルチュイル]
열심히	熱心に	▶	[**열씨미** ヨルシミ]

複合母音の発音

①母音ㅖ [イェ] はㅇ以外の子音が付くとㅔ [エ] と発音されます。

表記			実際の発音
시계	時計	▶	[**시게** シゲ]
계시다	いらっしゃる	▶	[**게시다** ケシダ]

②母音ㅢ [ウイ] は子音が付いたときおよび語中ではㅣ [イ] と、所有を表す助詞「〜の」のときはㅔ [エ] と発音されます。

表記			表記通りのフリガナ		実際の発音
희다	白い	▶	[フイタ]	▶	[**히다** ヒダ]
강의	講義	▶	[カンウイ]	▶	[**강이** カンイ]
아이의	子どもの	▶	[アイウイ]	▶	[**아이에** アイエ]

連音化

パッチムの次に母音が来るとき、パッチムが後ろの音節に移動して発音されます。

表記		表記通りのフリガナ	実際の発音
음악	音楽	▶ [ウムアㇰ]	▶ [**으막** ウマㇰ]
한국어	韓国語	▶ [ハングㇰオ]	▶ [**한구거** ハングゴ]

激音化

①ㄱ音、ㄷ音、ㅂ音のパッチムの次に子音ㅎが来るとき、ㅋ、ㅌ、ㅍになります。

表記		表記通りのフリガナ	実際の発音
축하하다	祝う	▶ [チュㇰハハタ]	▶ [**추카하다** チュカハダ]
비슷하다	似ている	▶ [ピスッハタ]	▶ [**비스타다** ピスタダ]
입학하다	入学する	▶ [イㇷハㇰハタ]	▶ [**이파카다** イパカダ]

②ㅎパッチムの次に子音ㄱ、ㄷ、ㅈが来るときㅋ、ㅌ、ㅊになります。

表記		表記通りのフリガナ	実際の発音
어떻게	どのように	▶ [オットッケ]	▶ [**어떠케** オットケ]
좋다	良い	▶ [チョッタ]	▶ [**조타** チョタ]
많지 않다	多くない	▶ [マンチ アンタ]	▶ [**만치 안타** マンチ アンタ]

鼻音化

①ㄱ音、ㄷ音、ㅂ音のパッチムの次に子音ㅁ、ㄴが来るとき、パッチムが鼻音になります。
　ㄱ音はㅇ、ㄷ音はㄴ、ㅂ音はㅁになります。

表記		表記通りのフリガナ		実際の発音
작년	昨年	▶ [チャクニョン]	▶	[**장년** チャンニョン]
끝나다	終わる	▶ [クッナタ]	▶	[**끈나다** クンナダ]
합니다	します	▶ [ハプニタ]	▶	[**합니다** ハムニダ]

②ㄱ音、ㄷ音、ㅁ音、ㅂ音、ㅇ音のパッチムの次に子音ㄹが来るとき、パッチムが鼻音になるとともに子音ㄹはㄴになります。

表記		表記通りのフリガナ		実際の発音
독립	独立	▶ [トクリプ]	▶	[**동닙** トンニプ]
능력	能力	▶ [ヌンリョク]	▶	[**능녁** ヌンニョク]

流音化

①ㄹパッチムの次に子音ㄴが来るとき、子音ㄴはㄹになります。

表記		表記通りのフリガナ		実際の発音
일년	1年	▶ [イルニョン]	▶	[**일련** イルリョン]
실내	室内	▶ [シルネ]	▶	[**실래** シルレ]

②ㄴパッチムの次に子音ㄹが来るとき、ㄴパッチムはㄹになります。

表記		表記通りのフリガナ		実際の発音
연락	連絡	▶ [ヨンラク]	▶	[**열락** ヨルラク]
신라	新羅	▶ [シンラ]	▶	[**실라** シルラ]

口蓋音化

ㄷパッチム、ㅌパッチムの次に이、여、히、혀が来るとき、それぞれㅈ、ㅊになります。

表記		表記通りのフリガナ	実際の発音
같이	一緒に	▶ [カツイ]	▶ [**가치** カチ]

ㅎが発音されない場合、弱くなる場合 (弱音化)

①ㅎパッチムの次に母音が来るとき、ㅎパッチムは発音されません。

表記		表記通りのフリガナ	実際の発音
좋아하다	好きだ	▶ [チョッアハタ]	▶ [**조아하다** チョアハダ]

②ㄴ音、ㄹ音、ㅁ音、ㅇ音のパッチムの次に子音ㅎが来るとき、速い発音ではㅎは弱く発音されるか、ほとんど発音されません。その場合、前にある子音が連音化します。

表記		表記通りのフリガナ	実際の発音
전화	電話	▶ [チョンファ]	▶ [**저놔** チョヌァ]

ㄴ挿入

①名詞と名詞が合わさって一つの単語になった合成語や、複数の名詞からなる複合語で、前の語がパッチムで終わり、次の語が母音ㅣおよび合成母音ㅑ、ㅕ、ㅐ、ㅖ、ㅛ、ㅠで始まるとき、子音にㄴが挿入されます。

表記		表記通りのフリガナ	実際の発音
일본 요리	日本料理	▶ [イルボン ヨリ]	▶ [**일본 뇨리** イルボン ニョリ]

②前の語のパッチムがㄹのときは、①に加えて挿入されたㄴが流音化してㄹになります。

表記		表記通りのフリガナ	実際の発音
서울역	ソウル駅	▶ [ソウルヨク]	▶ [**서울력** ソウルリョク]

韓国語の基礎3

助 詞

韓国語の助詞の学習は、同じく助詞がある日本語の母語話者にとってはさほど難しいものではありません。ここでは、幾つか注意が必要な点についても見ておきましょう。

助詞の位置と形

まず、助詞は日本語同様、一般的に体言の後ろに付きます。

| ~에게 ~に | ▶ 형에게 兄に | ▶ 언니에게 姉に |

しかし、助詞の中には、接続する体言の最後にパッチムがあるかないかで形が変わるものがあります。

助詞	パッチムあり	パッチムなし
~은/~는 ~は	▶ 형은 兄は	▶ 언니는 姉は

また、通常使う助詞とは別に、尊敬を表すときに使う助詞があります。下の例の~께서 (~が) は~이/~가 (~が) の尊敬語です。

| ~가 ~が | ▶ 아빠가 パパが |
| ~께서 ~が | ▶ 아버님께서 お父さまが |

他にも、日本語と異なる使い方をする助詞があります。下の例では日本語の感覚で~에 (~に) を使いたいところですが、~를 (~を) を使うところに注意してください。

| O 친구를 만나요. × 친구에 만나요. | 友達に会います。 |

また、名詞と名詞をつなぐ~의 (~の) は、所有や所属など明確な関係を表す場合、省略することができます。ただし、電話番号の「-」や複雑な関係性を持つと見なされた場合は省略されません。また、「私」「僕」の所有を表すときのみ、제 (私の)、내 (僕の) という形を使います。

○ 케이크 가게	× 케이크의 가게	ケーキの店
○ 청춘의 꿈	× 청춘 꿈	青春の夢

基本的な助詞一覧

日本語	パッチムあり	パッチムなし
〜は	은	는
〜が	이	가
〜が (尊敬語)	께서	
〜を／〜に	을	를
〜に (人・動物)	에게/한테※1	
〜に (尊敬語)	께	
〜の	의	
〜と	과	와
	하고※2	
〜に (場所・時間)	에	
〜に (場所) ／〜で (手段)	으로	로
〜で／〜から (場所)	에서	
〜から (時間)	부터	
〜まで (時間・程度)	까지	
〜も	도	

※1 〜한테は、話し言葉で主に用いられるのに対して、〜에게は話し言葉でも書き言葉でも用いられます。

※2 〜하고は、日常的な会話で主に用いられるのに対して、〜과/〜와は文章や演説、討論などの席でしばしば用いられます。

韓国語の基礎4

用言とその活用

韓国語の用言には動詞、形容詞など、四つの種類があり、これらは語幹にさまざまな語尾を付けて活用します。まずは韓国語の用言の種類と、活用をする上で重要な語幹について見てみましょう。

四つの用言

韓国語の用言は動詞・形容詞・存在詞・指定詞の四つに分けられます。動詞は日本語の動詞に当たるものとほぼ同じで、形容詞は日本語の形容詞・形容動詞に当たるものだと考えて問題ありません。指定詞は이다 (～である)、아니다 (～でない) の2語で、存在詞は있다 (ある、いる)、없다 (ない、いない) の2語です。

1. 動詞　　　主に物事の動作や作用、状態を表す。

　　　　　　가다 行く　　입다 着る

2. 形容詞　　主に物事の性質や状態、心情を表す。

　　　　　　싸다 安い　　적다 少ない

3. 指定詞　　名詞などの後ろに用いて「～だ、～である」「～でない」を表す。

　　　　　　이다 ～だ、～である　　아니다 ～でない

4. 存在詞　　存在の有無に関することを表す。

　　　　　　있다 ある、いる　　없다 ない、いない

語幹とは何か

韓国語の用言は、語幹と語尾に分けることができます。語幹とは、用言の基本形 (辞書に載っている形) から最後の다を取った形です。韓国語では、この語幹にさまざまな語尾を付けて意味を表します。

基本形		語幹		語尾			
가다	行く	가	+	아요	▶	가요	行きます
입다	着る	입	+	어요	▶	입어요	着ます

陽語幹・陰語幹

語幹には、陽語幹と陰語幹があります。語幹の最後の母音が陽母音（ㅏ、ㅑ、ㅗ）であるものを陽語幹、陰母音（ㅏ、ㅑ、ㅗ以外）であるものを陰語幹といいます。

陽語幹　**가**(다)　ㅏは陽母音　　**노**(다)　ㅗは陽母音

陰語幹　**주**(다)　ㅜは陰母音　　**입**(다)　ㅣは陰母音

語尾の三つの接続パターン

語尾が語幹に接続するパターンは、次の三つの型に分けることができます。

基本形		❶型	❷型	❸型
보다	見る	보+고	보+세요	보+아요
먹다	食べる	먹+고	먹+으세요	먹+어요

❶ 型　語幹にそのまま付けるパターン。

❷ 型　語幹の最後にパッチムがなければ、そのまま語尾を付け、パッチムがあれば으をプラスして語尾を付けるパターン。パッチムがㄹのときだけ、ㄹが脱落することがあります。

❸ 型　語幹の最後の母音が陽母音なら아をプラスして語尾を付け、陰母音なら어をプラスして語尾を付けるパターン。ただし하다や～하다で終わる用言はハダ用言といって、別扱いで여をプラスし해となり、そこに語尾を付けます。

以上、三つの接続パターンを見てみましたが、韓国語は語尾(や表現)の種類が何型かによって、どのパターンで接続するかが決まります。語尾や表現には、現在や過去などの時制を表すものもあれば、言葉遣いの丁寧さやぞんざいさを表すもの、理由や逆接を表すものなど、いろいろなものがあります。その中の幾つかを、接続パターン別に取り上げてみます。

❶ 型
- **-고** 〜して
- **-고 싶어요** 〜したいです
- **-지만** 〜するけど・だけど
- **-지요** 〜しますよ・ですよ

❷ 型
- **-세요/-으세요** 〜されます・でいらっしゃいます
- **-러/-으러** 〜しに
- **-니까/-으니까** 〜するから・だから
- **-면/-으면** 〜すれば・なら

❸ 型
- **-아요/-어요/-여요** 〜します・です
- **-아서/-어서/-여서** 〜して・なので
- **-았-/-었-/-였-** 〜した・だった
- **-아/-어/-여 주세요** 〜してください(ます)

基本的な語尾〜ヘヨ体現在

ヘヨ(해요)体は丁寧で柔らかい印象を与える言葉遣いで、会話でよく使われます。ヘヨ(해요)体の語尾は-아요/-어요［アヨ/オヨ］で、上に挙げた❸型に該当します。語幹末の母音が陽母音の場合には-아요、陰母音の場合には-어요、ハダ用言の場合には-여요が付きます。

가다 行く	가 + 아요 ▶ 가요 行きます
	陽語幹　語尾

입다 着る	입 + 어요 ▶ 입어요 着ます
	陽語幹　語尾

ヘヨ体は、平叙文、疑問文、命令文、勧誘文が全て同じ形で終わります。どの意味であるかは、文末のイントネーションや文脈で区別します。

한국에서 친구가 와요. ハングゲソ チングガ ワヨ	韓国から友人が来ます。(平叙文)
책을 봐요? チェグル ポァヨ	本を読んで (見て) いるんですか? (疑問文)
빨리 와요. パルリ ワヨ	早く来てください。(命令文)
저하고 같이 가요. チョハゴ カチ カヨ	私と一緒に行きましょう。(勧誘文)

なお、用言が-이다の場合、-이에요/-예요になります。

여기는 명동이에요.	ここは明洞です。
이거 얼마예요?	これ、いくらですか?

基本的な語尾～ヘヨ体過去

上に挙げた❸型の表現の中に、-았-/-었-/-였- (～した) というものがあります。これは、過去形を作る接尾辞で、接尾辞は、語幹に付けた後、その後ろにさらに別の語尾を付けることができます。例えば、ヘヨ体の語尾-아요/-어요を後ろに付けると、次のようになります。

보다	見る	**보**	+ **았**	+ **어요**	▶	**보았어요**	見ました
입다	着る	**입**	+ **었**	+ **어요**	▶	**입었어요**	着ました

これがヘヨ体の過去形です。ヘヨ体現在の-아요/-어요/-여요と同じように、-았어요/-었어요/-였어요で終わり、平叙文、疑問文、命令文、勧誘文のいずれの意味も表すことができます。-았-/-었-/-였-は❸型なので、語幹の母音が陽母音の場合は-았-を、陰母音の場合は-었-を、ハダ用言の場合は-였-を付けます。ただし、-았-/-었-/-였-の後ろに❸型の語尾を付ける場合、-았-も-었-、-였-も陰母音扱いとなるため、-어の方を付けることに注意が必要です。

縮約のルール

❸型で、語幹末にパッチムがない語幹に語尾が付く場合、語幹末の母音と語尾が縮約します。縮約は、語幹末の母音が何であるかによって、縮約の仕方が決まります。母音それぞれの縮約のルールを-아요/-어요（〜します）を付けた形で、まとめました。

ㅏ + 아요 ▶ ㅏ요
가다 行く ▶ 가 + 아요 ▶ 가요 行きます

ㅗ + 아요 ▶ ㅘ요
오다 来る ▶ 오 + 아요 ▶ 와요 来ます

ㅜ + 어요 ▶ ㅝ요
배우다 習う ▶ 배우 + 어요 ▶ 배워요 習います

ㅡ + 어요 ▶ ㅓ요
크다 大きい ▶ 크 + 어요 ▶ 커요 大きいです

ㅣ + 어요 ▶ ㅕ요
마시다 飲む ▶ 마시 + 어요 ▶ 마셔요 飲みます

ㅐ + 어요 ▶ ㅐ요
지내다 過ごす ▶ 지내 + 어요 ▶ 지내요 過ごします

ㅚ + 어요 ▶ ㅙ요
되다 なる ▶ 되 + 어요 ▶ 돼요 なります

韓国語の基礎5

言葉遣い

韓国語の言葉遣いの違いは、語尾に多く表れます。
ここでは、語尾に表れた言葉遣いの幾つかについて簡略にまとめました。

うちとけた丁寧形 (ヘヨ体)

うちとけた丁寧形のヘヨ体 (해요体) は、丁寧で柔らかい印象を受ける言葉遣いで、会話でよく使われます。

かしこまった丁寧形 (ハムニダ体)

かしこまった丁寧形のハムニダ体 (합니다体) は、公式的、断定的なニュアンスがある言葉遣いです。平叙文は-ㅂ니다/-습니다で終わり、疑問文には-ㅂ니까?/-습니까?が付きます。ニュースやビジネスなどの改まった席でよく使われ、また普段の会話でも礼儀正しい感じを出したいときに使います。

저는 배철수입니다.	私はペ・チョルスです。
잘 부탁합니다.	よろしくお願いします。

尊敬表現

目上の人と話すときは、通常尊敬の接尾辞-시-/-으시-を用いて敬意を表します。下の例では、ハムニダ体とヘヨ体の中で用いられています (ヘヨ体では-세요/-으세요になります)。

사장님은 신문을 읽으십니다./읽으세요.
社長は新聞をご覧になっています。

일본에서 오십니까?/오세요?
日本からいらっしゃいますか?

어서 들어오십시오./들어오세요.
早くお入りください。

パンマル (ヘ体)

パンマル (ヘ体=해体) とはぞんざいな言葉遣いのこと。日本語の「タメ口」と考えると分かりやすいでしょう。パンマルは同年代や年下に対して使い、目上の人に対して使うのは禁物ですが、母や兄、姉、年の近い先輩など、ごく親しい相手であれば年上や目上の人に対しても使うことがあります。パンマルの基本形は、くだけた丁寧形のヘヨ体から요を取った形です。ただし、指定詞예요/이에요 (～です) の場合、야/이야 (～だ) となります。なお、本書には、パンマルの例文は含まれていません。

그래?	そう？
이제 늦었으니까 자.	もう遅いから寝な。
그것은 상식이야.	それは常識だよ。

上記の例文は、丁寧形のヘヨ体であれば、それぞれ그래요、자요、상식이에요となります。

下称形 (ハンダ体)

韓国語には、目上の人が目下の人に、あるいは非常に親しい友人同士で使う、ぞんざいな表現、下称形 (ハンダ体=한다体) というものもあります。下称形は、もっともぞんざいな言葉遣いです。例えばパンマルは親やごく親しい先輩などに使うことができますが、目上・年上の人に下称形を使うことはできません。例えば、平叙文では-다、疑問文では-냐や-니で終わり、命令文では-라、勧誘文では-자で終わります (このほかのパターンも幾つかあります)。また、下称形は、日本語の「だ・である体」同様に、日記、随筆、小説など、文章でもよく使われます。なお、本書には下称形の例文は含まれていません。

생일 축하한다.	誕生日おめでとう。
지금 몇 살이니?	今何歳だい？
얼른 먹어라.	早く食べろ。

韓国語の基礎6

変則活用

P.297で用言の活用について見ましたが、実は韓国語には規則的に活用する用言と不規則に活用する用言があります。ここでは不規則に活用する用言について見てみましょう。

変則活用の種類

ㄹ語幹　子音のㄴと、ㅅ、ㅂが後続するとㄹパッチムが脱落するのが特徴です。ㄹと接続するとㄹが一つになります。

| 알다 知る | ▶ 압니다 |
| 들다 入る | ▶ 드세요 |

으語幹　母音の아、어が後続すると、語幹から一が落ちて子音と後続の母音が結合するのが特徴です。아が付くか어が付くかは、語幹末の母音ではなく、後ろから二つ目の母音の陰陽によって決まります。

| 아프다 痛い | ▶ 아파요 |
| 크다 大きい | ▶ 커요 |

ㄷ変則　母音が後続するとㄷパッチムがㄹパッチムに変わるのが特徴です。

| 듣다 聞く | ▶ 들어요 |
| 걷다 歩く | ▶ 걸어요 |

ㅂ変則　語幹の直後に으が来るとㅂパッチム+으が우に、語幹の直後に아、어が来るとㅂパッチム+아、어が와、워になるのが特徴です。なお、와となるのは、곱다（美しい）と돕다（助ける）のみです。

| 덥다 暑い | ▶ 더운、더워요 |

ㅅ変則

母音が後続するとㅅパッチムが脱落し、その際、가(다)+아요=가요のような縮約が起こらないのが特徴です。

낫다	治る	▶ 나아요
짓다	建てる	▶ 지어요

르変則

르変則用言は、語幹に아が後続したら르がㄹ라、어が後続したら르がㄹ러に変わるのが特徴です。아が付くか어が付くかは、語幹末の母音ではなく、後ろから二つ目の母音の陰陽によって決まります。

모르다	知らない	▶ 몰라요
부르다	呼ぶ	▶ 불러요

ㅎ変則

ㅎパッチムで終わっている形容詞は、좋다 (良い) を除いて全てㅎ変則に該当します。語幹の直後に으が後続したらㅎパッチムと으が落ちます。아、어が後続したらㅎパッチムが落ち、母音のㅣが追加されます。

그렇다	そのようだ	▶ 그래요
하얗다	白い	▶ 하얘요
빨갛다	赤い	▶ 빨개요

러変則

누르다 (黄色い)、푸르다 (青い)、이르다 (着く) のみで、語幹に어が後続すると어が러に変わるのが特徴です。

이르다	至る	▶ 이르러요

韓国語の基礎7

連体形

連体形とは、名詞を修飾する用言の活用形のことです。
ここでは連体形の作り方をまとめました。

連体形の作り方

공부하는 날 (勉強する日) は、「勉強する」が「日」を修飾しています。日本語では「勉強する」は連体形でも「勉強する」のままですが、韓国語では、基本形공부하다 (勉強する) の語幹공부하に、語尾-는を接続して連体形にします。

| 공부하다 | + | 는 | ▶ | 공부하는 | 勉強する〜 |
| コンブハダ | | ヌン | | コンブハヌン | |

↑語幹 取る　↑語尾

一見簡単そうですが、韓国語の連体形は、用言の品詞によって使う語尾に違いがあり、現在、過去、未来の時制によっても語尾を区別しないといけません。品詞、時制ごとに、語尾の違いを見てみましょう。

品詞	現在	過去	未来
動詞	-는	-ㄴ/-은	-ㄹ/-을
形容詞	-ㄴ/-은	-았던/-었던	
指定詞	-ㄴ		
存在詞	-는		

※ -ㄴ/-은、-ㄹ/-을は「パッチムなし／パッチムあり」によって使い分け、-았던/-었던は「陽母音／陰母音」によって使い分けます。

では次に、それぞれの品詞に、上の表の語尾を付けた例を見てみましょう。未来の連体形は全て同じなので、現在と過去の連体形さえきちんと区別できればいいわけです。

1. 動詞

		現在	過去	未来
가다	行く	가는	간	갈
먹다	食べる	먹는	먹은	먹을

形容詞

		現在	過去	未来
기쁘다	うれしい	기쁜	기뻤던	기쁠
좋다	いい	좋은	좋았던	좋을
쌀쌀하다	涼しい	쌀쌀한	쌀쌀했던	쌀쌀할

指定詞

		現在	過去	未来
이다	～だ	인	이었던	일
아니다	～ではない	아닌	아니었던	아닐

存在詞

		現在	過去	未来
있다	いる、ある	있는	있었던	있을
없다	いない、ない	없는	없었던	없을

変則活用用言の連体形

変則活用用言（P.304 参照）のうち、ㄹ語幹用言、ㅂ変則用言、ㄷ変則用言、ㅅ変則用言は、連体形を作るときにも不規則に活用します。

ㄹ語幹（動詞） ㄴと接続するときにㄹが脱落、ㄹと接続するときㄹが一つに。

		現在	過去	未来
팔다	売る	파는	판	팔

ㅂ変則（形容詞） 母音と接続するときにㅂが우になる。

		現在	過去	未来
맵다	辛い	매운	매웠던	매울

ㄷ変則（動詞） 母音と接続するときにㄷがㄹになる。

		現在	過去	未来
듣다	聞く	듣는	들은	들을

ㅅ変則（動詞） 母音と接続するときにㅅが脱落する。

		現在	過去	未来
낫다	治る	낫는	나은	나을

ハングル・日本語索引

本書の見出し語の索引です。見出し語をㄱㄴㄷ順に、メイン訳を五十音順に並べました。数字は掲載番号です。

ハングル

ㄱ

가게	285	걸리다	326	귀	259	깨다	626
가깝다	231	검다	644	귤	774	꼭	819
가끔	743	게임	875	그¹	002	꽃	376
가다	154	겨우	825	그²	412	꾸다	563
가르치다	138	겨울	111	그것	005	꿈	589
가방	299	결과	578	그날	679	끄다	728
가볍다	572	결정	463	그냥	823	끊다	726
가수	865	결혼	391	그대로	902	끝	167
가슴	262	계단	498	그들	413	끝나다	145
가운데	519	계산	464	그때	682	끝내다	812
가을	110	계속	465	그래서	649		
가장	822	계시다	067	그러나	651	### ㄴ	
가족	017	계획	466	그러니까	650	나	010
가지다	313	고급	527	그러면	247	나가다	323
갈비	764	고기	181	그런데	249	나누다	899
갈비탕	761	고등학교	334	그렇지만	652	나다	322
감기	271	고맙다	061	그룹	866	나라	206
감다¹	564	고양이	203	그릇	745	나무	375
감다²	632	고추	191	그리고	245	나쁘다	073
감사	410	고추장	778	그리다	893	나오다	324
갑자기	654	고춧가루	777	그림	831	나이	053
값	172	고프다	075	그저께	674	나타나다	481
강	373	고향	457	그제	673	나타내다	895
강하다	573	곧	159	그쪽	435	날	667
같다	236	공	876	극장	508	날씨	377
같이	163	공부	393	근처	502	날짜	668
개	202	공원	507	글	251	남기다	797
거기	008	공항	348	글자	844	남다	796
거리	503	과일	183	금요일	117	남북	444
거울	582	과자	755	기다리다	217	남성	428
거의	824	관심	538	기분	254	남자	035
걱정	460	괜찮다	065	기쁘다	492	남쪽	442
건강	461	교과서	342	기억	467	남편	027
건물	495	교사	841	기차	352	낫다	804
건배	462	교수	840	길	291	낮	122
걷다	472	교실	337	길다	226	낮다	083
걸다	722	구두	309	김	776	내	011
		구름	379	김밥	762	내년	093
		구월	104	김치	190	내다	319
		국	180	깎다	801	내리다	215

309

내일	129	다치다	802	두다	727	말	394
냄새	791	닦다	633	두부	767	말씀	543
냉면	186	단어	252	뒤	390	맛	178
너무	242	닫다	317	드라마	364	맛없다	077
넓다	575	달	057	드리다	810	맛있다	076
넘다	881	달걀	775	듣다	710	맞다	718
넣다	318	달다	645	들다¹	482	맞은편	439
년	056	달라지다	896	들다²	723	맞추다	719
노래	392	달력	664	들리다	883	매우	827
노래방	512	달리다	473	들어가다	483	매일	120
노력	468	닭	205	들어오다	554	맥주	748
노트	343	담배	594	등	784	맵다	646
놀다	222	답	469	디브이디	601	머리	256
놀라다	815	대답	470	따뜻하다	639	먹다	220
농구	870	대학	335	딸	031	먼저	157
높다	082	대학교	336	땀	789	멀다	230
놓다	314	대학생	340	때	680	멋있다	484
누구	044	대학원	837	떠나다	475	메일	296
누나	022	댁	494	떡	766	며칠	686
눈¹	258	더	243	떨어지다	732	명	050
눈²	380	더욱	828	또	246	몇	040
눈물	787	더운물	750	또는	906	모두	164
눕다	561	덥다	232	뛰다	474	모레	130
뉴스	365	도	452	뜨다	565	모르다	136
느끼다	709	도서관	338	뜻	856	모양	792
늘	742	도시	451			모으다	877
늘다	717	도시락	758	**ㄹ**		모이다	816
늦다¹	237	도와주다	885	라디오	603	모자	590
늦다²	721	도장	595	라면	760	모자라다	878
늦잠	588	도착	471			목	781
		독서	542	**ㅁ**		목소리	782
ㄷ		돈	171	마시다	221	목요일	116
다	165	돌	613	마음	263	목욕	544
다녀오다	478	돌다	807	마지막	692	목적	540
다니다	216	돌려주다	809	마찬가지	533	몸	253
다르다	490	돌아가다	479	마치다	811	못하다	134
다리¹	268	돌아오다	480	만	175	무	771
다리²	506	동	455	만나다	218	무겁다	571
다시	161	동물	661	만들다	144	무슨	041
다음	086	동생	024	만일	744	무엇	046
다음 달	089	동쪽	440	만화	853	무척	826
다음 주	090	돼지	201	많다	235	문	279
다음 해	670	되다	713	많이	241	문장	848

문제	346	백화점	509	비행기	350	세우다	315
문화	842	버리다	724	빌리다	808	소	200
묻다	714	버스	356	빠르다	570	소개	552
물	192	번	168	빨리	158	소금	199
물건	521	번역	548	빵	184	소리	360
물고기	662	번호	523			소설	851
미국	448	벌써	660	**ㅅ**		속	384
미안하다	063	벗다	149	사과	189	속옷	306
믿다	814	벽	500	사다	224	손	265
밑	386	별	611	사람	049	손가락	785
		병[1]	270	사랑	396	손님	288
ㅂ		병[2]	747	사실	580	손수건	586
바꾸다	884	병원	274	사월	099	쇠고기	188
바다	374	보내다	311	사이	520	쇼핑	553
바람	608	보다	219	사장	861	수	536
바로	736	보이다[1]	627	사전	855	수건	583
바쁘다	072	보이다[2]	628	사진	301	수고	614
바지	304	보통	528	사회	858	수도	450
밖	382	볼펜	344	산	372	수업	399
반	176	봄	108	살	054	수요일	115
반갑다	062	뵙다	882	살다	153	숙제	347
반년	671	부르다[1]	648	삼월	098	순서	534
반달	672	부르다[2]	879	새	204	숟가락	695
반드시	820	부모님	416	새해	663	술	193
반찬	759	부부	421	색	829	숫자	170
받다	312	부엌	693	색깔	830	쉬다	559
발	269	부인	422	생각	397	쉽다	229
발음	545	부장	862	생기다	886	스타	868
발전	546	부탁	395	생선	182	스포츠	369
발표	547	북쪽	443	생일	055	슬프다	493
밝다	640	분	051	생활	549	시	453
밤	124	불	381	서다	560	시간	169
밥	179	불고기	187	서로	905	시계	298
방	278	불다	880	서쪽	441	시디	362
방법	541	붙다	731	선물	398	시월	105
방학	666	붙이다	730	선생님	341	시작	400
방향	445	비	378	선수	874	시장	287
배[1]	266	비누	585	설명	550	시청	454
배[2]	607	비다	892	설탕	198	시키다	331
배구	871	비디오	367	섬	612	시합	615
배우다	137	비빔밥	185	성함	430	시험	401
배추	769	비슷하다	491	세다	894	식당	286
백	173	비싸다	078	세수	551	식사	402

ハングル・日本語索引

신	593	안	383	얼마나	900	올라가다	557
신다	147	안경	332	엄마	420	올라오다	558
신문	302	안녕하다	066	엘리베이터	499	올리다	556
신발	308	안되다	143	여기	007	올해	092
신호등	505	앉다	150	여기저기	517	옳다	489
실례	403	알다	135	여러 가지	515	옷	303
싫다	071	알리다	637	여러분	432	왜	038
싫어하다	330	알아듣다	711	여름	109	외국	210
십이월	107	앞	388	여성	429	외국어	846
십일월	106	앞뒤	518	여자	036	외국인	433
싸다	079	야구	370	여행	404	외우다	715
싸우다	799	야채	768	역	349	왼쪽	438
쌀	765	약	273	역사	843	요리	405
쓰다[1]	141	약국	511	역시	653	요일	112
쓰다[2]	148	약속	616	연극	849	요즘	655
쓰다[3]	320	약하다	574	연락	617	우리	012
씻다	631	양말	307	연락처	596	우산	300
		양복	591	연세	431	우선	734
		양쪽	532	연습	618	우유	197
ㅇ		어깨	783	연필	345	우체국	290
아가씨	423	어느	042	열다	316	우표	293
아까	659	어느 것	048	열리다	891	운동	406
아내	028	어둡다	641	열심히	903	울다	327
아들	030	어디	045	영국	449	웃다	328
아래	387	어떤	043	영어	213	월요일	113
아르바이트	863	어떻게	037	영향	579	위	385
아름답다	485	어렵다	228	영화	363	유월	101
아마	821	어른	425	옆	389	유학	620
아무	414	어리다	488	예	832	은행	289
아무것	415	어린이	426	예문	833	음료수	753
아버님	417	어머니	019	예쁘다	486	음반	602
아버지	018	어머님	418	예정	619	음식	177
아빠	419	어서	735	옛날	676	음악	361
아이	029	어울리다	898	오늘	128	의견	581
아저씨	032	어저께	675	오다	155	의미	621
아주	240	어제	127	오래간만	688	의사	272
아주머니	033	어젯밤	131	오르다	555	의자	282
아줌마	424	언니	023	오른쪽	437	이[1]	001
아직	737	언제	039	오빠	021	이[2]	780
아직까지	738	언제나	156	오월	100	이것	004
아직도	739	얻다	793	오이	772	이것저것	516
아침	121	얼굴	257	오전	125	이기다	805
아파트	276	얼마	047	오후	126	이날	678
아프다	074						

이달	677	자다	152	정하다	798	진짜	911
이때	681	자동차	606	제	014	질문	703
이름	052	자라다	635	제목	850	집	275
이마	779	자리	358	제일	238	짓다	890
이번	085	자전거	605	조금	901	짜다	647
이상[1]	530	자주	741	조선	209	짧다	227
이상[2]	707	작년	091	졸업	697	쯤	094
이야기	407	작다	081	좀	244	찌개	763
이용	622	잘	162	좁다	576	찍다	321
이월	097	잘되다	142	종이	295		
이유	539	잘못	698	좋다	070	**ㅊ**	
이전	690	잘하다	133	좋아하다	329	차[1]	196
이제	656	잠	587	죄송하다	064	차[2]	354
이쪽	434	잠깐	658	주	058	차다	234
이틀	685	잠시	657	주다	310	차례	535
이하	531	잡다	725	주말	060	차이	524
이해	623	잡수시다	630	주무시다	562	찬물	749
이후	691	잡지	852	주부	864	참	910
인기	867	재미없다	069	주소	459	창문	501
인사	624	재미있다	068	주스	194	찾다	223
인터넷	599	저[1]	003	주의	699	찾아가다	476
일[1]	095	저[2]	013	주일	059	찾아오다	477
일[2]	409	저것	006	죽다	636	책	292
일본	207	저고리	592	준비	700	책방	854
일본어	212	저기	009	중요하다	638	책상	281
일어나다	151	저녁	123	중학교	836	처음	166
일어서다	629	저쪽	436	지각	701	천	174
일요일	119	저희	015	지갑	522	천천히	160
일월	096	적다	577	지금	084	초급	526
일찍	733	전	689	지나다	325	초등학교	835
읽다	140	전철	351	지난달	087	축구	371
잃다	794	전혀	818	지난번	687	축하	411
잃어버리다	795	전화	408	지난주	088	출구	497
입	261	전화번호	597	지난해	669	출발	704
입구	496	절대로	908	지내다	634	출신	458
입다	146	젊다	487	지다	806	춥다	233
입학	625	점	525	지도[1]	446	취미	359
잊다	139	점심	757	지도[2]	702	층	277
잊어버리다	716	접시	746	지방	456	치다	800
		젓가락	694	지식	834	치마	305
ㅈ		정도	529	지키다	803	친구	034
자기	016	정말	239	지하철	353	칠월	102
자꾸	740	정말로	909	직업	859		

ハングル・日本語索引

ㅋ

카메라	604
카페	754
칼	696
커피	195
컴퓨터	368
케이크	756
켜다	729
코	260
콘서트	513
콜라	751
콧물	788
크다	080
큰길	504
키	255

ㅌ

타다	214
타월	584
탁구	872
택시	357
테니스	873
텔레비전	366
토마토	773
토요일	118
통하다	712
틀리다	720
티켓	514

ㅍ

파	770
팔	264
팔다	225
팔월	103
팩스	598
페이지	857
펴다	889
편안하다	566
편의점	510
편지	294
편하다	567
표	355
풀다	813
프린트	705
피	786
피곤하다	569
피다	887
피아노	869
피우다	888
필요	706

ㅎ

하늘	609
하다	132
하루	683
하룻밤	684
하지만	248
학교	333
학기	839
학년	838
학생	339
한국	208
한국어	211
한글	250
한자	845
할머니	026
할아버지	025
함께	907
해	610
해외	447
허리	267
형	020
형제	427
호텔	284
혹시	817
혼자	904
홈페이지	600
홍차	752
화요일	114
화장실	280
회사	283
회사원	860
회의	708
회화	847
횟수	537
휴가	665
휴대폰	297
흐르다	897
흐리다	642
희다	643
힘	790
힘들다	568

日本語

あ

愛	396
あいさつ	624
間	520
合う	718
会う	218
上がってくる	558
明るい	640
秋	110
空く	892
開ける	316
(目を) 開ける	565
あげる	310
上げる	556
朝	121
あさって	130
朝寝坊	588
脚	268
足	269
味	178
あした	129
汗	789
あそこ	009
遊ぶ	222
暖かい	639
頭	256
あちこち	517
あちら	436
暑い	232
集まる	816
集める	877
(妹からみた) 兄	021
(弟からみた) 兄	020
(妹からみた) 姉	023
(弟からみた) 姉	022
あの	003
あばら骨	764
甘い	645
雨	378
アメリカ	448
洗う	631
(髪を) 洗う	632
表す	895
現れる	481
ありがたい	061
歩く	472
アルバイト	863
あれ	006
あれこれ	516
合わせる	719
家	275
以下	531
イギリス	449
行く	154
幾つの	040
幾ら	047
意見	581
以後	691
石	613
医者	272
以上	530
異常	707
椅子	282
以前	690
忙しい	072
痛い	074
1月	096
1日	683
市場	287
一番	238
いつ	039
一緒に	163, 907
いっそう	828
行ってくる	478
(おなかが) いっぱいだ	

	648	多い	235	面白くない	069	形	792
いつも	156, 742	大きい	080	お休みになる	562	勝つ	805
犬	202	多く	241	降りる	215	学期	839
今	084	大通り	504	終わり	167	学期休み	666
いまだに	738, 739	お母さま	418	終わる	145	学校	333
意味	621, 856	おかず	759	音楽	361	悲しい	493
嫌だ	071	お金	171	女	036	必ず	819, 820
いらっしゃる	067	お客さん	288			かばん	299
入り口	496	起きる	151	**か**		カフェ	754
入れる	318	置く	314, 727	〜階	277	かぶる	148
色	829, 830	送る	311	〜回	168	壁	500
いろいろ	515	遅れる	721	海外	447	構わない	065
インターネット	599	お言葉	543	会議	708	紙	295
飲料水	753	幼い	488	外国	210	カメラ	604
上	385	おじいさん	025	外国語	846	通う	216
受け取る	312	教える	138	外国人	433	火曜日	114
牛	200	おじさん	032	会社	283	辛い	646
失う	794	お嬢さん	423	会社員	860	カラオケ	512
後ろ	390	遅い	237	回数	537	体	253
歌	392	おそらく	821	階段	498	借りる	808
打つ	800	お互いに	905	会話	847	軽い	572
美しい	485	お宅	494	買う	224	カルビスープ	761
器	745	お茶	196	返す	809	彼	412
腕	264	落ちる	732	帰る	479	彼ら	413
うまくいかない	143	夫	027	代える	884	カレンダー	664
うまくいく	142	音	360	顔	257	川	373
海	374	お父さま	417	鏡	582	革靴	309
売る	225	弟、妹	024	かかる	326	変わる	896
うれしい	492	男	035	書く	141	考え	397
（会えて）うれしい	062	お年	431	描く	893	韓国	208
運動	406	おととい	673, 674	学生	339	韓国語	211
絵	831	大人	425	学年	838	漢字	845
映画	363	驚く	815	かける	722	感謝	410
影響	579	同じこと	533	傘	300	感じる	709
英語	213	同じだ	236	菓子	755	関心	538
駅	349	お名前	430	歌手	865	乾杯	462
得る	793	お願い	395	数	536	木	375
エレベーター	499	おばあさん	026	風邪	271	記憶	467
演劇	849	おばさん	033, 424	風	608	聞く	710
鉛筆	345	覚える	715	数える	894	聞こえる	883
おいしい	076	お目にかかる	882	家族	017	汽車	352
お祝い	411	重い	571	肩	783	北	443
終える	811, 812	面白い	068	〜方	051	切手	293

ハングル・日本語索引

切符	355	けがをする	802	コンピューター	368	指導	702
昨日	127, 675	劇場	508			自動車	606
気分	254	(火・明かりを)消す		**さ**		死ぬ	636
キムチ	190		728	～歳	054	しばしば	741
休暇	665	削る	801	最後	692	しばらくの間	657
急に	654	結果	578	最初	166	自分	016
牛肉	188	結婚	391	財布	522	島	612
牛乳	197	決定	463	探す	223	閉める	317
キュウリ	772	月曜日	113	魚	182, 662	社会	858
今日	128	けんかする	799	先に	157	市役所	454
教科書	342	元気だ	066	咲く	887	写真	301
教師	841	健康	461	昨年	091, 669	社長	861
教室	337	公園	507	昨夜	131	週	058
教授	840	高級	527	酒	193	11月	106
兄弟	427	紅茶	752	差し上げる	810	10月	105
嫌いだ	330	高等学校	334	定める	798	～週間	059
切る	726	声	782	サッカー	371	住所	459
着る	146	こえる	881	さっき	659	ジュース	194
きれいだ	486	コーヒー	195	雑誌	852	12月	107
銀行	289	コーラ	751	砂糖	198	週末	060
近所	502	5月	100	寒い	233	重要だ	638
金曜日	117	故郷	457	覚める	626	授業	399
空港	348	ここ	007	皿	746	宿題	347
空腹だ	075	午後	126	3月	098	出身	458
9月	104	心	263	市	453	出発	704
薬	273	腰	267	試合	615	出発する	475
果物	183	午前	125	CD	362, 602	首都	450
口	261	答え	469, 470	塩	199	主婦	864
靴下	307	こちら	434	塩辛い	647	趣味	359
国	206	今年	092	しかし	248, 651	順序	534
雲	379	言葉	394	4月	099	順番	535
曇っている	642	子ども	029, 426	時間	169	準備	700
暗い	641	この	001	しきりに	740	紹介	552
来る	155	この時	681	試験	401	小学校	835
グループ	866	この日	678	仕事	409	生じる	886
車	354	ご飯	179	事実	580	上手だ	133
黒い	644	米	765	下	386, 387	小説	851
苦労	614	これ	004	下着	306	初級	526
計画	466	～頃	094	7月	102	職業	859
計算	464	今月	677	質問	703	食事	402
携帯電話	297	コンサート	513	失礼	403	食堂	286
ケーキ	756	今度	085	辞典	855	女性	429
ゲーム	875	コンビニ	510	自転車	605	ショッピング	553

知らせる	637	洗顔	551	正しい	489	使う	320
知らない	136	先月	087	立ち上がる	629	つかむ	725
知る	135	前後	518	立つ	560	疲れている	569
白い	643	選手	874	卓球	872	月	057
信号	505	先週	088	建物	495	次	086
信じる	814	先生	341	立てる	315	付く	731
身長	255	全部	164, 165	(家を)建てる	890	机	281
新年	663	そこ	008	たばこ	594	作る	144
心配	460	そして	245	食べ物	177	付ける	730
新聞	302	育つ	635	食べる	220	(火・明かりを)つける	729
水曜日	115	そちら	435	(ニワトリの)卵	775		
(たばこを)吸う	888	卒業	697	足りない	878	妻	028
数字	170	外	382	誰	044	冷たい	234
スープ	180	その	002	誰(も)	414	冷たい水	749
スカート	305	その時	682	単語	252	強い	573
好きだ	329	その日	679	誕生日	055	手	265
過ぎる	325	そのまま	902	男性	428	DVD	601
少ない	577	空	609	血	786	程度	529
すぐに	159	それ	005	小さい	081	手紙	294
少し	244	それで	649	近い	231	出口	497
過ごす	634	それでは	247	違い	524	手伝う	885
スター	868			違う	490	出ていく	323
ずっと	465	**た**		近頃	655	出てくる	324
すてきだ	484	大学	335, 336	地下鉄	353	テニス	873
すでに	660	大学院	837	力	790	手の指	785
捨てる	724	大学生	340	チゲ	763	デパート	509
スプーン	695	大根	771	チケット	514	出る	322
スポーツ	369	台所	693	遅刻	701	テレビ	366
ズボン	304	大変	826	知識	834	点	525
すまない	063	大変だ	568	地図	446	天気	377
住む	153	題目	850	父	018	電車	351
する	132	太陽	610	地方	456	電話	408
座る	150	タオル	583, 584	注意	699	電話番号	597
生活	549	だが	652	中学校	836	ドア	279
席	358	高い	082	昼食	757	トイレ	280
せっけん	585	(値段が)高い	078	(料理などを)注文する	331	道	452
絶対に	908	だから	650			洞	455
説明	550	タクシー	357	朝鮮	209	唐辛子	191
背中	784	出す	319	チョゴリ(韓服の上衣)	592	唐辛子粉	777
背広	591	訪ねていく	476			唐辛子みそ	778
狭い	576	訪ねてくる	477	ちょっと	901	到着	471
千	174	尋ねる	714	ちょっとの間	658	豆腐	767
前回	687	ただ	823	通じる	712	動物	661

317

遠い	230	におい	791	箸	694	ビデオ	367
時	680	2月	097	橋	506	人	049
時折	743	肉	181	始め	400	一晩	684
解く	813	西	441	走る	473, 474	一人で	904
読書	542	〜日	095	バス	356	日にち	668
時計	298	日曜日	119	バスケットボール	870	ビビンバ	185
どこ	045	似ている	491	8月	103	100	173
ところで	249	日本	207	発音	545	病院	274
都市	451	日本語	212	発展	546	病気	270
図書館	338	入学	625	発表	547	開かれる	891
(目を)閉じる	564	ニュース	365	花	376	昼	122
とても	240, 242	入浴	544	鼻	260	広い	575
どの	042	ニワトリ	205	話	407	広げる	889
どのくらい	900	〜人	050	鼻水	788	瓶	747
どのように	037	人気	867	母	019	ファクス	598
トマト	773	脱ぐ	149	パパ	419	夫婦	421
土曜日	118	ネギ	770	刃物	696	服	303
ドラマ	364	猫	203	速い	570	吹く	880
鳥	204	値段	172	速く	158	夫人	422
努力	468	熱心に	903	早く	733, 735	豚	201
(写真を)撮る	321	眠り	587	腹	266	部長	862
どれ	048	寝る	152	春	108	普通	528
どんな	043	〜年	056	バレーボール	871	二日	685
		年齢	053	パン	184	船	607
な		ノート	343	ハンカチ	586	冬	111
治る	804	残す	797	ハングル	250	プリント	705
中	383, 384	残る	796	はんこ	595	プルコギ	187
長い	226	喉	781	番号	523	プレゼント	398
流れる	897	伸びる	717	半月	672	文	848
泣く	327	登る	555, 557	半年	671	文化	842
なくす	795	飲む	221	半分	176	文章	251
なぜ	038	のり	776	火	381	ページ	857
夏	109	のり巻き	762	日	667	下手だ	134
何	046	乗る	214	ピアノ	869	部屋	278
何(も)	415			ビール	748	勉強	393
名前	052	**は**		東	440	弁当	758
涙	787	歯	780	低い	083	方向	445
習う	137	入っていく	483	飛行機	350	帽子	590
なる	713	入ってくる	554	久しぶり	688	方法	541
何日	686	入る	482	非常に	827	ホームページ	600
何の	041	履物	308, 593	額	779	ボール	876
南北	444	履く	147	左	438	ボールペン	344
似合う	898	白菜	769	必要	706	星	611

ホテル	284	耳	259	郵便局	290	**わ**	
ほとんど	824	見る	219	雪	380	若い	487
本	292	(夢を) 見る	563	ゆっくりと	160	分ける	899
本当に	239, 909,	向かい側	439	夢	589	忘れてしまう	716
	910, 911	昔	676	良い	070	忘れる	139
本屋	854	難しい	228	曜日	112	私(わたくし)	013
翻訳	548	息子	030	よく	162	私(わたくし)たち	015
		娘	031	横	389	私(わたくし)の	014
ま		胸	262	横たわる	561	私(わたし)	010
毎日	120	目	258	予定	619	私(わたし)たち	012
前	388, 689	メール	296	呼ぶ	879	私(わたし)の	011
負ける	806	眼鏡	332	読む	140	笑う	328
まず	734	召し上がる	630	夜	124	悪い	073
まずい	077	もう	656	弱い	574		
また	246	もう一度	161				
まだ	737	申し訳ない	064	**ら**			
または	906	目的	540	ラーメン	760		
街	503	木曜日	116	来月	089		
間違い	698	文字	844	来週	090		
間違う	720	もしも	817	来年	093, 670		
待つ	217	餅	766	楽だ	567		
真っすぐに	736	持つ	313, 723	ラジオ	603		
まったく	818	もっと	243	理解	623		
窓	501	最も	822	理解する	711		
ママ	420	戻ってくる	480	理由	539		
守る	803	物	521	留学	620		
回る	807	問題	346	利用	622		
万	175			両親	416		
万一	744	**や**		両方	532		
漫画	853	野球	370	料理	405		
マンション	276	約束	616	旅行	404		
真ん中	519	野菜	768	リンゴ	189		
見える	627	易しい	229	例	832		
磨く	633	安い	079	例文	833		
ミカン	774	休む	559	冷麺	186		
右	437	安らかだ	566	歴史	843		
短い	227	薬局	511	練習	618		
水	192	やっと	825	連絡	617		
店	285	やはり	653	連絡先	596		
見せる	628	山	372	6月	101		
道	291	湯	750				
皆さん	432	夕方	123				
南	442	友人	034				

hanaの韓国語単語〈入門・初級編〉
ハン検4・5級レベル

2016年6月1日　初版発行
2018年8月11日　4刷発行

著　者	ミリネ韓国語教室
編　集	鷲澤仁志
校　正	辻仁志
デザイン	木下浩一（アングラウン）
DTP	株式会社秀文社、木下浩一
録　音	Studio 109
CDプレス	イービストレード株式会社
印刷・製本	シナノ書籍印刷株式会社

発行人　裵 正 烈

発　行　株式会社 HANA
〒102-0072 東京都千代田区飯田橋4-9-1
TEL：03-6909-9380　FAX：03-6909-9388
E-mail：info@hanapress.com

発　売　株式会社インプレス
〒101-0051 東京都千代田区神田神保町一丁目105番地

ISBN978-4-8443-7699-6 C0087　©HANA 2018　Printed in Japan

- 本の内容に関するお問い合わせ先
  HANA 書籍編集部　TEL: 03-6909-9380　FAX: 03-6909-9388
- 乱丁本・落丁本の取り替えに関するお問い合わせ先
  インプレス カスタマーセンター　TEL: 03-6837-5016　FAX: 03-6837-5023
  E-mail: service@impress.co.jp
  （受付時間 10:00 ～ 12:00、13:00 ～ 17:30 土日、祝日を除く）
  ※古書店で購入されたものについてはお取り替えできません。
- 書店／販売店のご注文受付
  株式会社インプレス 受注センター　TEL: 048-449-8040　FAX: 048-449-8041
  株式会社インプレス 出版営業部　TEL: 03-6837-4635